14. & 19. August 2001
corn-mail für uns alle

Das grösste Abenteuer der Menschheit hat begonnen...

Eine illustrierte Chronik der Geschehnisse

SILBERSCHNUR

Die erste objektive Alien-Nachricht an die Menschheit:

(frei übersetzt)

"Hallo Erdlinge,

wir haben Eure Radio-Botschaft empfangen!

13,4 Milliarden Aliens grüssen Euch."

"Hier unsere Antwort auf Eure Fragen: Ja, wir kennen Euer Dezimalsystem und für uns sind dieselben chemischen Elemente wichtig, allerdings zusätzlich dazu auch Silizium. Unsere DNS-Struktur ist fast gleich wie Eure aufgebaut, doch haben wir an einem Strang eine Spiralwindung mehr als Ihr. Wir sind nur etwa halb so gross wie Ihr Erdenmenschen, aber dafür doppelt so viele. Vor langer Zeit lebten wir auf der Erde, dann auf dem Mars und jetzt auf vier Jupiter-Monden. Unsere Sendeanlage ist ..."

Inhalt

Vorwort

Liebe Leserin, Lieber Leser,
Liebe Freunde kosmischer Realitäten!

›Kornkreise‹ und ›Kornzeichen‹ sind das wohl markanteste Phänomen kosmischer Verbundenheit auf unserem Planeten. Kein anderes Wunder der Neuzeit konnte sich in den letzten Jahrzehnten derart imposant in Szene setzen: Das lebendige Gewebe der physischen Natur als Mega-Leinwand für intelligente Übermittlungen geistiger Natur zu verwenden ist schlichtweg genial, zumal so auch eine schwer vertuschbare Öffentlichkeit hergestellt wird.

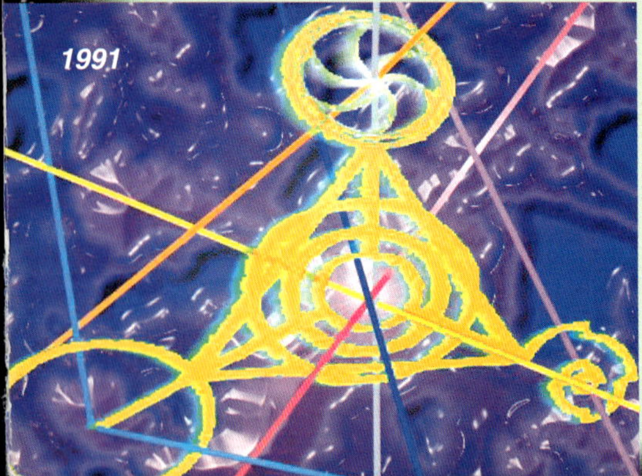

Die sich jedes Jahr aufs Neue inmitten spriessender Felder häufenden Mandalas und sonstigen geometrischen wie organischen Strukturen sind durch ihre sich bislang stetig steigernde Komplexität zu "Naturereignissen" par excellence geworden und scheiden inzwischen weltweit die Geister.

Auf der einen Seite die Journalisten der Massenmedien, die nicht bereit sind, genauer hinzusehen und sich lieber zu den abstrusesten Erklärungsversuchen hinreissen lassen, um so ihre und ihrer Leser unbewusste Angst vor dem Unbekannten zu kaschieren. Dagegen steht die den Erscheinungen im Korn offen und unvoreingenommen nahetretende Minderheit von alternati-

ven Forschern, Künstlern und Wissenschaftlern. Auch viele begeisterte Laien erahnen inzwischen intuitiv, dass bei diesen floralen Sehenswürdigkeiten mehr als blosser Jux von Scherzbolden dahinter steht. Die Mehrheit jedoch misst dem Genius in den Feldern keinerlei Bedeutung bei oder übernimmt unreflektiert die mehr als oberflächliche Meinung der Presse. Dann gibt es auch noch die gezielt eingesetzten Desinformanten, bezahlte wie unbezahlte, zumeist äusserst diletantische Nachahmer von Kornkreisen, die ihr eigenes Süppchen kochen oder Verschwörungstheorien kolportieren.

Dass etwa 20 Prozent der Getreideglyphen als plumpe Fälschungen einzustufen sind, ändert nichts an der bewundernswert hohen Kunst der exakt angelegten, vielfach höchst mathematischen Piktogramme der übrigen 80 Prozent. Viele dieser Zeichen sollen uns ganz offenkundig auf etwas hinweisen. Die authentischen Kreisezieher machen sich, wie es scheint, ziemliche Mühe uns etwas zu zeigen was wir im Leben dringend gebrauchen könnten, seien es nun spirituelle oder wissenschaftliche Erkenntnisse oder eine Einheit von beidem.

Einige der jüngsten, herausragendsten paranormalen Kornkunstwerke erreichten wiederum eine neue Qualität spiritueller ›Land-Art‹, die von vielen Enthusiasten bereits als ›vergängliche

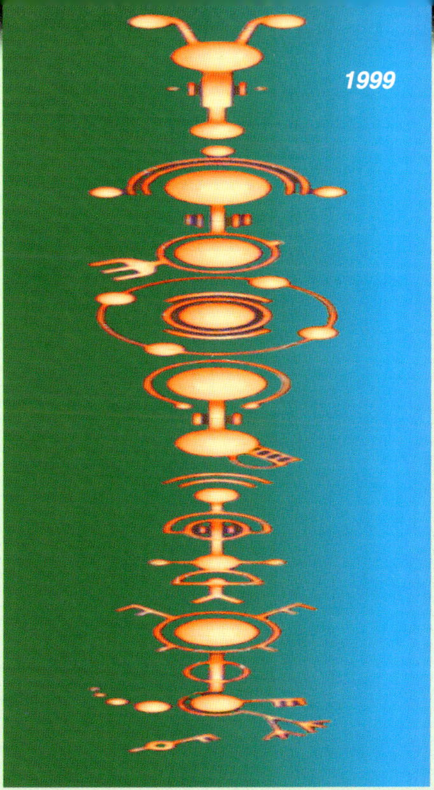

Tempel‹ angesehen werden. Der vielfach schon ehrfürchtigen Bewunderung steht dieses ebenso verwunderliche Schweigen der Massenmedien gegenüber, dem nebenbei auch mit diesem Büchlein etwas abgeholfen werden will.

Mit der neuerdings deutlich konkreter gewordenen Kommunikation der kosmischen Zeichensetzer beschäftigt sich diese Analyse. Sie gibt - populär gerafft - alles bislang von den beteiligten Forschern Entschlüsselte wieder und legt dazu noch eine Reihe von interessanten Findungen meinerseits dar.

Dieser Meilenstein der Dinge wird allerdings in der nächsten Kornkreis-Saison mit hoher Wahrscheinlichkeit erneut getoppt werden, wenn sich von unsichtbarer Hand gelenkt im Korn wieder die Kreise ziehen.

Jay Goldner

Unsere Botschaft rast noch immer zum rund 24.000 Lichtjahre entfernten Kugelsternhaufen M 13 im Sternbild Herkules. Eine Antwort kann uns deshalb gemäß SETI-Verständnis frühestens in 48.000 Jahren erreichen.

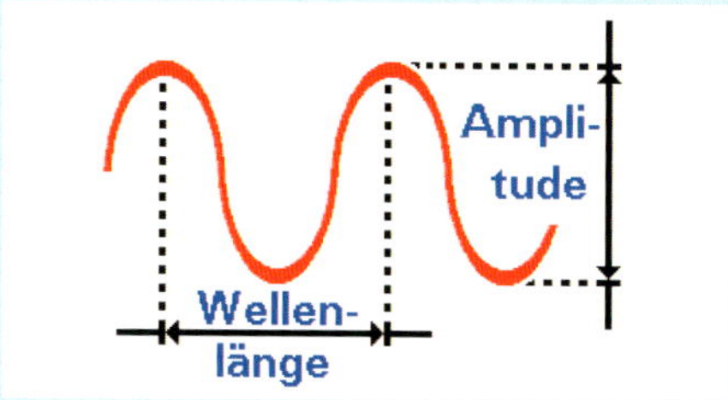

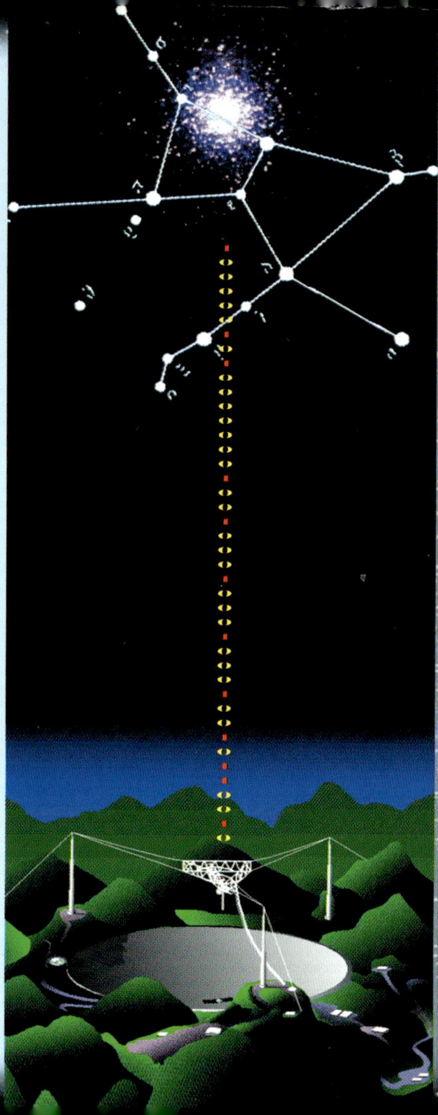

Die irdische Botschafts-Matrix, gefüllt mit der Kette aus 1679 Impulsen. Wenn man diese 01-Binär-Tapete leicht unscharf ansieht, kann man den visuellen Teil der Botschaft bereits erkennen.

1974: Unsere Botschaft ins All

Arecibo liegt an der Nordküste Puerto Ricos, wo die Hügellandschaft eine natürliche, tellerförmige Delle ausbildet. Ins Innere dieser geologischen Schüssel im tropischen Dschungel wurde 1965 der Welt grösstes Radioteleskop mit enormen 305 Metern Durchmesser gebaut.

1974 wurde die Übertragungseinheit technisch verbessert, sodass nun bis zu einer Trillion Watt starke Signale ausgestrahlt werden können. Als Einweihungstest der optimierten Anlage entschlossen sich die Vorläufer der Organisation SETI (Search for Extra-Terrestrial Intelligence) eine codierte Botschaft in den Weltraum zu senden. Und zwar zum Kugelsternhaufen Messier 13 in der Konstellation Herkules mit 300.000 Sonnen - etwa 24.000 Lichtjahre weit weg.

Die Entscheidung, die Erdenbotschaft dorthin zu senden, fiel u.a. so aus, weil das riesige Arecibo-Teleskop unbeweglich ist und deshalb eine auf nur 20 Grad des Himmelssektors begrenzte Möglichkeit der Zielrichtung hat.

Das Signalpaket wurde am 16. November 1974 übertragen und bestand aus 1679 Impulsen, deren Aussendung etwas unter drei Minuten dauerte. Gesendet wurde auf der Frequenz von genau 2380 Megahertz, was später noch bedeutsam sein wird.

Der besondere Hintergrund dieser Zahlen liegt in der mathematischen Substanz: Man dachte sich, dass uns eine einigermassen intelligente, interstellare Lebensform zweifellos am ehesten über einzigartige universal vorhandene Konstrukte verstehen könnte - und deswegen in erster Linie sicher auch gerade danach Ausschau halten würde!

Daher konzipierte Dr. F. Drake zusammen mit dem Astronomen Carl Sagan eine Matrix aus den Primzahlen 23 und 73, was somit jene Gitterstruktur aus den genannten 1679 Einheiten ergab. Da wir Erdenbewohner nicht von vornherein annehmen können, dass ETs, Aliens oder wie immer wir andersgeartete Intelligenz im Kosmos nennen, menschliche Mass-Systeme verstehen, drängte es sich geradezu auf, unsere Nachricht in der allereinfachsten Form in die besagte Primzahlen-Matrix einzubetten: indem nämlich alle Informationen - wie in jedem Computer in den Binär-Code verwandelt - als Nullen und Einsen dargestellt werden! Das ist insofern sehr geschickt, als so die Impuls-Schlange aus insgesamt 1679 Nullen und Einsen auch von Ausserirdischen nur in einem einzigen Raster-Muster sinnhaft dargestellt werden kann (siehe umseitig).

Die Nullen und Einsen machen einzig in der senkrechten Anordnung als helle und dunkle Matrixfelder Sinn. Sowohl abstrakte Schemata wie auch

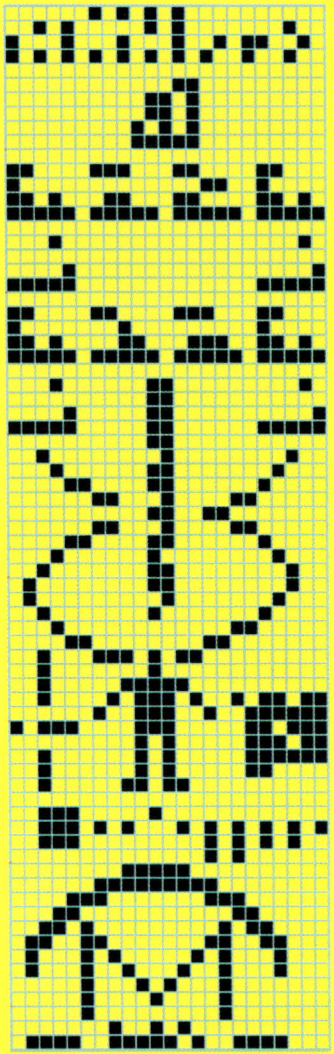

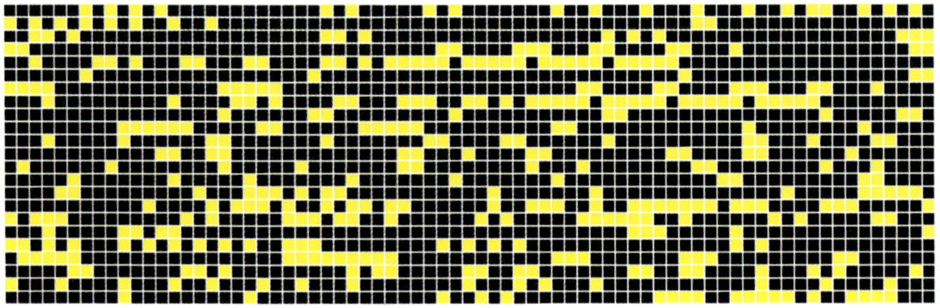

Quer angeordnet ergibt die Impulskette keinen erkennbaren Sinn.

visuelle Konturen sind eindeutig erkennbar. Horizontal aneinandergereiht zeigen die Hell-Dunkel-Felder nicht die allergeringste Systematik.

Damit sind folgende Prämissen klar: Einer ausserirdischen Zivilisation, die zumindest so hoch entwickelt ist, dass sie mit uns - auf welche Art auch immer - kommunizieren kann, ist auch die Zahl Null bekannt. Weiter wird eine solche andersgeartete Intelligenz mit grundlegendem Zahlenverständnis jede von aussen empfangene Anzahl von Impulseinheiten zuallererst mit ganzen Zahlen zu teilen versuchen und dabei feststellen, dass dies in unserem Fall nur mit 23 und 73 möglich ist. Und diese Zahlen sind beide Primzahlen! Von hier führt nun nur noch ein kleiner Schritt zur Erkenntnis, dass die Signalfolge in eine Matrix gebettet werden muss!

Das heisst im Klartext: Wenn die vom Arecibo-Teleskop ausgesandten Signale bei einer kosmischen Intelligenz ankommen, werden sie auch gelesen und interpretiert werden können!

Denn die Arithmetik ist die Königin der Mathematik. Zahlen beherrschen das Universum und geben uns letztlich Aufschluss über alles Seiende. Das Buch der Natur ist in mathematischer Sprache geschrieben und die Aufgabe der

Zahlen ist es, uns die Realität zu erklären. Null ist das Gegenteil unendlicher Unendlichkeiten. Jede ganze Zahl ist eine Primzahl oder ein Produkt aus Primzahlen.

Und Musik ist die Schwester der Mathematik. Deshalb erkannte der Astronom Johannes Kepler in den Proportionen der planetaren Umlaufbahnen die Sphärenharmonien.

Die Ordnung der Zahlen lässt sich mit vielen Methoden darstellen, doch das Dezimalsystem ist das auf Erden meistverbreitete Zahlensystem. Am einfachsten ist jedoch das binäre System, ein aus zwei Einheiten bestehendes Ganzes. Die Macht der Computer gründet sich auf diesem Dualsystem, das nur zweierlei Zustände kennt:

EIN/AUS = EINS/NULL = HELL/DUNKEL

Daraus folgt: Die optimale Kommunikation mit einer völlig anderen Geisstruktur sollte - sofern nicht sogleich telepathisch - auf binären Impulsen beruhen, die in einer erkennbar einfachen Primzahlenmatrix angeordnet sind!!!

2-3-5-7-11-13-17-19-23-29-31-37

PRIM-ZAHLEN

sind ganze Zahlen (ausser 1), die nicht in Faktoren zerlegt werden können, also nur durch 1 und sich selbst teilbar sind.

Schon 1941 verwies James Jean darauf, dass man die Aufmerksamkeit intelligenter Marsianer, “falls es solche gäbe”, mittels stärkster Suchscheinwerfer, die in Sequenzen der ersten Primzahlen aufblitzen, auf sich ziehen könnte.

Umgekehrt wurde vorgeschlagen, das Auftauchen von Primzahlen in ausserirdischen Radiosignalen als Indiz für einen künstlich-intelligenten Ursprung derselben zu werten.

Auf dem Empfang solcher Signale basiert der bekannte Science Fiction-Roman und -Film ›Contact‹ von Carl Sagan.

Das erste Berechnungsverfahren zum Auffinden von Primzahlen stammt von dem Griechen Eratosthenes (275 - 195 v. Chr.)

41-43-47-53-59-61-67-71-73-79

Der kurze Ausflug in die Welt der Zahlen war nötig, um das Wie und Warum des Aufbaus der binär chiffrierten Botschaften zu verstehen. Genau besehen ist jedoch nur die Hälfte der kosmischen Korrespondenz - sowohl der irdischen Frage-Botschaft wie auch der angekommenen Alien-Antwort - als Zahlen verschlüsselt. Der Rest der Kryptogramme besteht aus zweidimensionalen visuellen Abstraktionen:

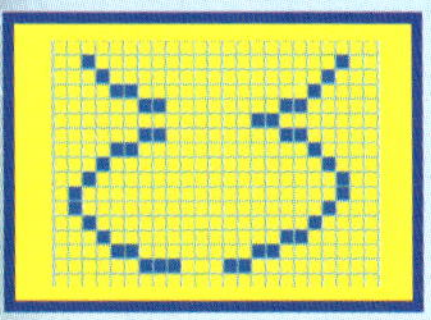

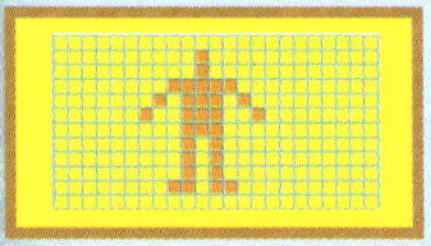

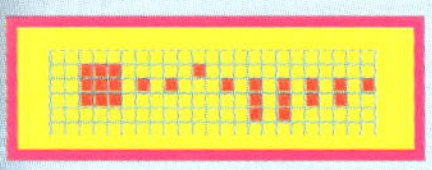

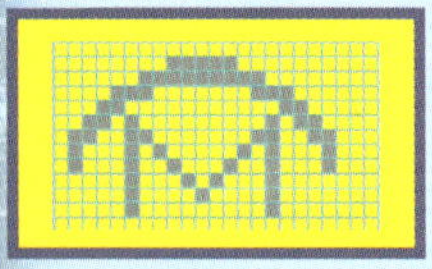

Die fürs Erste etwas schwer identifizierbaren DNS-Stränge, das sehr leicht erkennbare menschliche Körper-Logo, die symbolische Reihe der Planeten unseres Sonnensystems, ein Querschnitt der Teleskop-schüssel des Observatoriums.

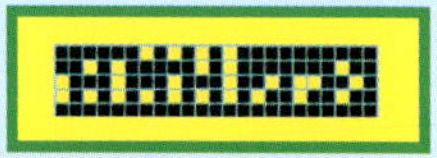

das Dezimal-Zahlensystem

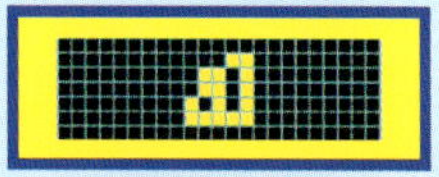

unsere biolog. Grundelemente

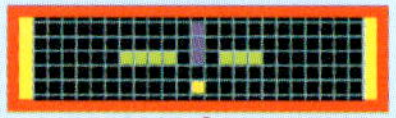

Menschengrösse

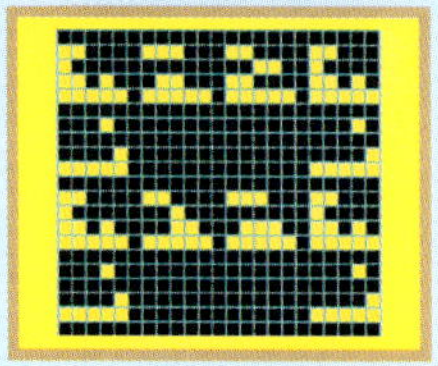

DNS-Anordnung

Antennengrösse

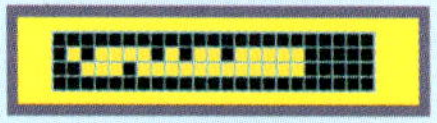

menschliche DNS-Sequenzenzahl

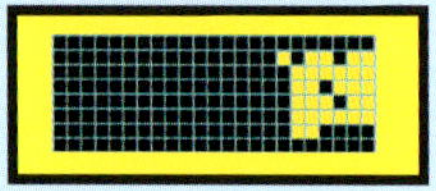

Erden-Population (1974)

Die ETs haben jedenfalls sowohl unsere grafischen wie auch die mathematischen Mitteilungen eindeutig richtig verstanden, denn sie haben auf den exakt gleichen Positionen der von uns vorgegebenen Matrix die Pendants zu unseren Infos in ihre Rückantwort eingesetzt - und diese begrenzten Möglichkeiten, wie wir sehen werden, raffiniert bis ins Letzte ausgereizt.

Kontrollstation des Teleskops

Es ist der Welt stärkste und grösste Anlage für Radar- und Radioastronomie. Inmitten der Kalksteinberge im Nordwesten der kleinsten Insel der grossen Antillen gelegen, erlaubt es das technische Wunderwerk, atmosphärische Phänomene oder Objekte in bis zu 10 Milliarden Lichtjahren Entfernung zu beobachten.

Fertiggestellt 1963, wurde es bereits für einige Nobelpreis-Entdeckungen genutzt. Und Hollywood drehte hier Szenen für den Bond-Film ›Golden Eye‹ und den grandiosen Sci-Fi-Film ›Contact‹ mit Jodie Foster.

Das Radioteleskop von Arecibo

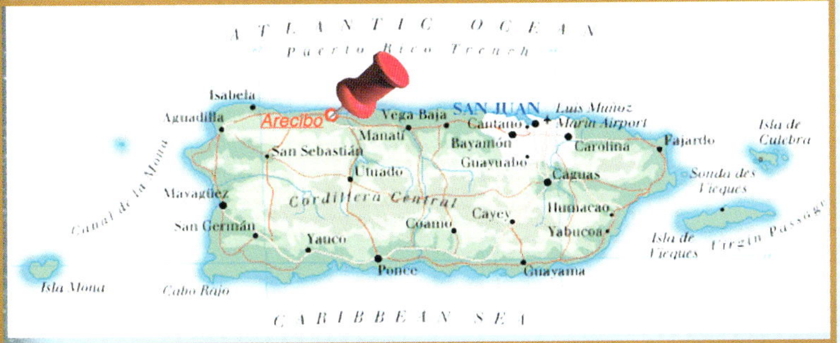

Radioastronomie arbeitet mit Radiofrequenzen, die von Objekten im Weltraum abgegeben werden. Da diese Signale äusserst schwach sind, ist zum Aufspüren ein extrem sensitiver Reflektor notwendig. Dazu dient die riesige Aluminiumschüssel, die eine Fläche von 26 Fussballfeldern umspannt. 135 Meter über der 305 Meter grossen Schüssel hängt der 75 Tonnen schwere ›Dome‹, der wiederum von einer 700 Tonnen schweren, von Seilen gehaltenen Dreiecks-Plattform aus positioniert wird.

Das Arecibo-Observatorium wurde nahe am Äquator gebaut, weil hier ein höchst interessanter Himmelsausschnitt mit einem unbeweglichen 20°-Reflektor beobachtet werden kann. Ebenso kann mit dieser Jumbo-Anlage natürlich auch gesendet werden, und zwar im Bereich von 50-10.000 Megahertz, das sind Wellenlängen zwischen 6 Meter und 3 Zentimeter!

Die Botschaft der Menschheit an mögliche ausserirdische Wesen wurde 1974 von hier aus ganz bewusst auf der Wellenlänge von 12,6 Zentimeter gesandt.

Weltgrösste Teleskopschüssel (305 Meter Ø)

0101110001101011011101010

BINÄR-ZAHLEN

unterscheiden sich vom uns geläufigen Zehner-System dadurch, dass alle Zahlen als Summe der Potenzen der Grundzahl 2 dargestellt werden.

Dazu benötigt man nur die Ziffern 1 und 0. Je nachdem an welcher Stelle die 1 steht, nimmt sie verschiedene "Stellen-Werte" an: An erster Stelle verkörpert die 1 den Wert 1, an zweiter Stelle den Wert 2, an dritter den Wert 4, an vierter 8, usw. Die Nullen haben nur die Aufgabe, die Einsen an die richtige Stelle zu rücken. So ergibt sich:

dezimal ➤	binär ➤	abstrakt
0	0	□
1	1	■
2	10	■□
3	11	■■
4	100	■□□
5	101	■□■
6	110	■■□
7	111	■■■
8	1000	■□□□
9	1001	■□□■
10	1010	■□■□
11	1011	■□■■
12	1100	■■□□

0010011001100010100111011

Nun, 27 Jahre auf Post warten ist eine lange Durststrecke, aber wir werden weiter unten sehen, dass die Antwort dennoch verblüffend schnell kam. Nach den Berechnungen und Erwartungen des Absenders dürfte nämlich eine Antwort nicht vor 48 Jahrhunderten bei uns eintreffen!

Ganz zuoberst in unsere damalige Botschaft an den Sternenraum des Kugelhaufens M 13 haben wir - natürlich binär verschlüsselt (wie es heute vielfach auch im Internet geschieht) - die Information über das bei uns auf Erden gebräuchlichste Zahlensystem gesetzt. Wir stellten den Aliens unser Dezimalsystem vor, indem wir ihnen die Zahlen 1 bis 10 binär als Pixel darstellten:

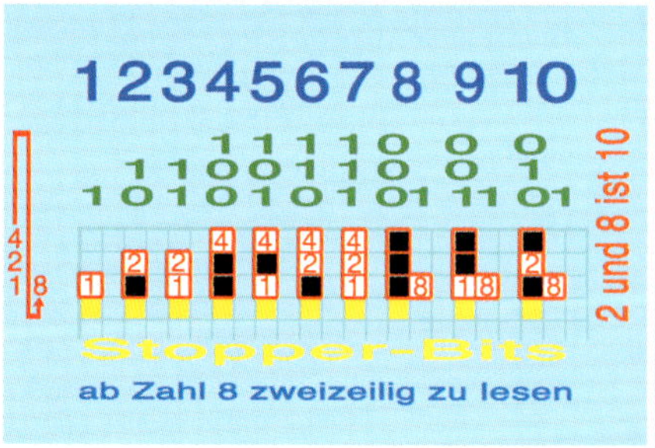

Hierbei ist es egal, ob die Aliens die Matrix von links nach rechts oder spiegelverkehrt aufbauen, durch die jeweilige Positionierung eines Stopper-Pixels vor jeder Zahl kann die (teils zweireihige) mathematische Nachricht auf jeden Fall entziffert werden.

Nun haben wir das beinahe "idiotensichere" Grundkonzept, nach dem unsere Botschaft aufgebaut wurde - und gemäss dem die fremde Intelligenz zurückfaxte - kennengelernt. Jetzt müssen wir noch das Umfeld näher erkunden, in dem das Feedback geschah.

Kornkreise zeigen sich teils in zusammengehörigen Gruppen und Serien, obwohl diese Zusammenhänge nicht immer leicht gesehen werden können. Erst wenn die Botschaft eines Zeichens erkannt ist, wird manchmal der offensichtliche Konnex zu anderen Formationen sichtbar. So geschehen auch mit den nachfolgend betrachteten Chilbolton-Zeichen. Aber zuvor wollen wir uns - um die Tragweite der Geschehnisse ganz erfassen zu können - noch kurz der Geschichte des ungewöhnlichen Cereal-Phänomens widmen.

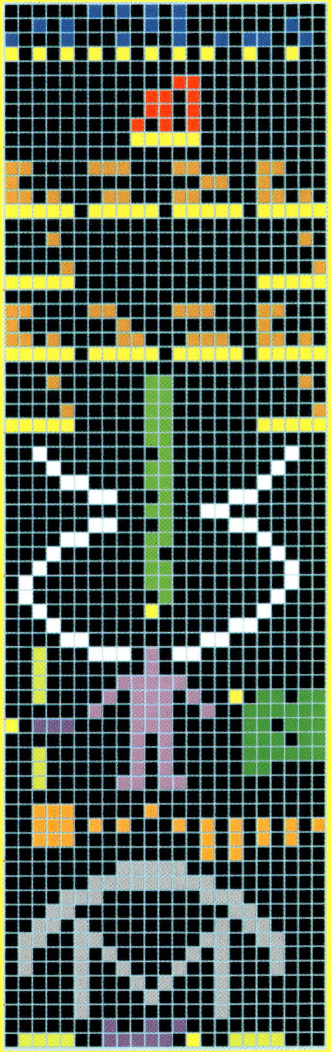

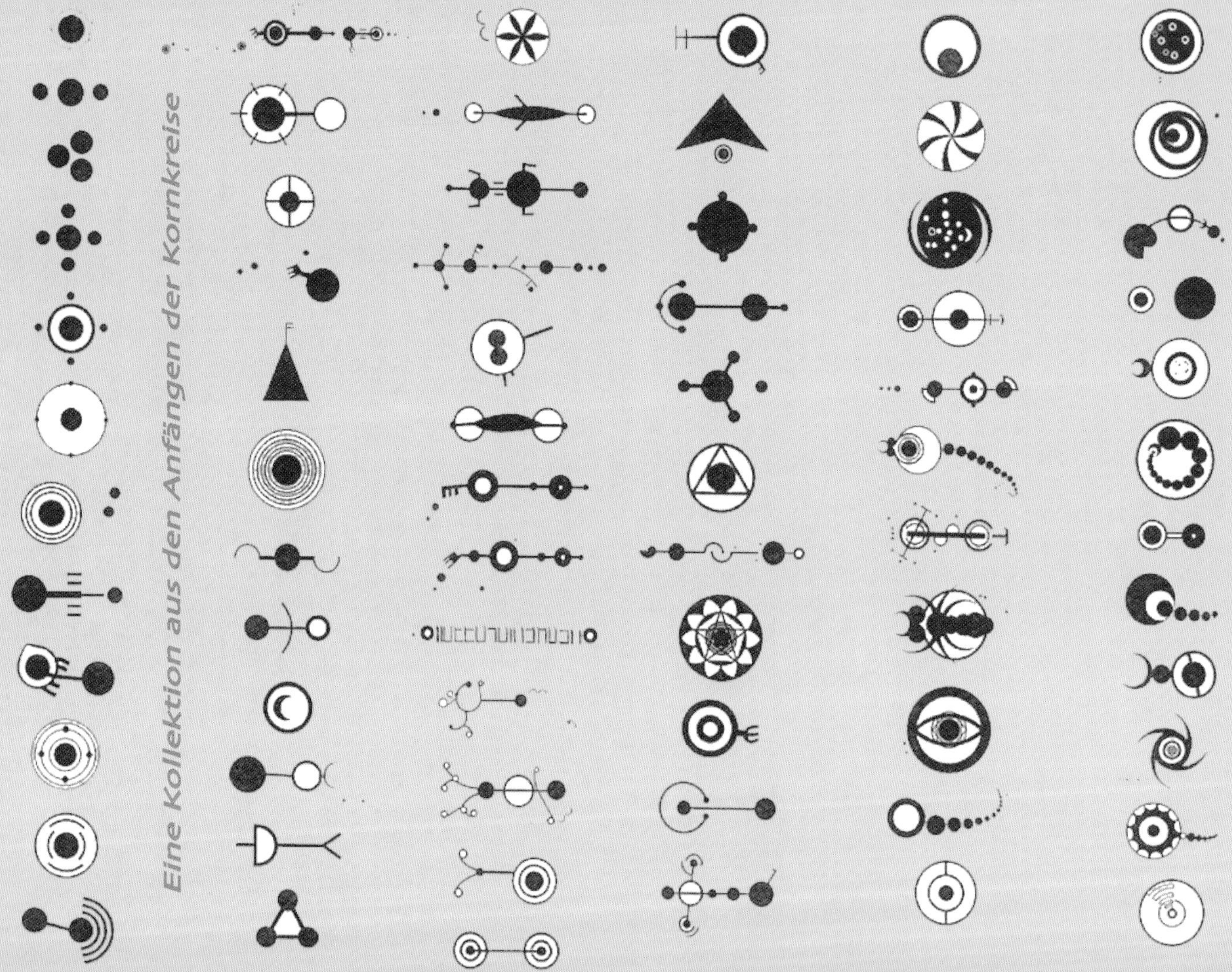
Eine Kollektion aus den Anfängen der Kornkreise

Eine kurze Geschichte der Kornkreise

Die ersten Kreise begannen in den späten 70er- und frühen 80er-Jahren Aufmerksamkeit zu erregen. Sie waren anfänglich sehr wenige und einfach gestrickt und zumeist nur Linien oder runde Flächen aus niedergelegten Halmen.

Als die Kreise etwas an Zahl zunahmen, vorerst immer noch auf England bezogen, und die Formen sich nicht mehr nur auf einzelne Kreise beschränkten, ging die Meinung um, dass Raumschiffe - sichtbare oder unsichtbare - wohl über die Felder hinwegflogen und die Zeichen irgendwie aus der Luft hinunterbeamten. Doch insgesamt konnte sich von den wenigen, die das Phänomen schon vor 20 Jahren beachteten, niemand einen ernsthaften Reim darauf machen, was hier wirklich vorging.

Jahr für Jahr traten immer neue Fakten über die Getreidegraffiti zutage. Die mysteriösen Zeichen gewannen an Symmetrie und viele Formationen wuchsen über reine Kreisformen hinaus zu vielfältigen Mustern heran und bekamen eine Zeit lang teils einen auffallend länglich-stabartigen Charakter.

Während die betroffenen Bauern noch immer wüst über den um sich greifenden Feldfrevel schimpften, begannen sich

kleine Forschergrüppchen zu formieren, um diese bereits auch in anderen Ländern zaghaft auftretende Angelegenheit zu vermessen, zu studieren und erste Theorien zu fabrizieren.

Besonders verblüffte die Tatsache, dass die vom Zeichen oder Kreis betroffenen Getreidehalme nicht gebrochen, sondern von unsichtbarer Kraft nur gebogen waren. Das Rätsel wurde zunehmend auch der Presse bekannt, die sich vorerst hauptsächlich über diesen Ernteschäden verursachenden Studentenulk lustig machte, zuweilen aber ob der meditativen Schönheit auch nachdenklich wurde.

Die sich weiter stetig mehrenden Beobachtungen wurden von den Fans katalogisiert, Messverfahren wurden systematisiert und die sich erweiternden Fakten in verschiedenste wissenschaftliche Ansätze verpackt. Doch das Geheimnis liess sich nach wie vor einfach nicht knacken.

Die Halmknoten werden gedehnt statt gebrochen

Jedes Frühjahr und Sommer für Sommer begann sich das Spektakel zu wiederholen. Immer mehr Schaulustige begutachteten die Ereignisse im Korn und ein regelrechter Tourismus begann sich zu etablieren. Bestimmte Pubs kristallisierten sich bald als legere In-Treffs für Circle-Trekkies heraus. Mitte der 80er wurde das flachgedrückte Getreide dann eine Zeit lang zum Liebling der Presse, nachdem sich das Geheimnis international auszubreiten begann. Die Schlussfolgerungen über die Ursachen wurden immer kurioser: Vom Hochzeitstanz liebestoller Igel bis zu intelligenten Windböen und Ufo-Landeplätzen reichten die kolportierten Lösungen der unheimlich gekämmten Halme. Welche Kraft dahintersteht, konnte letztlich bis heute wissenschaftlich nicht geklärt werden. Und rationale Erklärungen, die sich mit dem heute akzeptierten wissenschaftlichen Know-how nicht decken, lassen die Mehrheit ohnehin stets nur milde lächeln.

Der Frage des Wie, die angesichts der Tatsache, dass die meisten Kreise und Zeichen eindeutig nachts - manchmal einhergehend mit Leuchterscheinungen - entstehn, egal ob das Korn grün, nass, reif oder trocken ist, ist allein schon schwierig genug zu beantworten. Doch die Frage des Warum ist noch bedeutend kniffliger. Würden wir die Antwort auf letzteres Rätsel wissen, wäre auch ersteres leichter zu lösen.

Dass die authentischen Kreise nicht die Schandtaten der berühmt-berüchtigten Rentner Doug und Dave sein konnten, war Insidern bald klar, wiewohl die Medien teils bis heute auf der Illusion herumreiten (wie etwa ›Der Spiegel‹ & Konsorten). Gefakte Kreiszeichen sind zudem meist relativ einfach von den echten zu unterscheiden. Mit Schnüren ein Terrain abzustecken und dann mit Brettern niederzuwalzen ist keine Hexerei. Die beginnt erst damit, die Halme dabei auch heil zu lassen! Die ach so gewieften Fälscher hatten jedoch bislang immer ihre Spuren hinterlassen.

Die Evolution der ›Agroglyphen‹, wie eine honorigere Bezeichnung lautet, hat im letzten Jahrzent dann eine steile Dynamik erfahren. Jeden Sommer gab es eine Steigerung zu immer noch komplexeren Formen. Ästhetisch-mathematische Gebilde von teils übernatürlicher Schönheit prangten teils gleich im Dutzend in der Galerie der Natur.

Einige Forscher konnten sogar klare technologische Botschaften in manchen Zeichen erkennen. Da sich die Künste der Zeichensetzer zunehmend selbst übertrafen, konnten nun auch feinere Nuancierungen grafisch ins Korn geprägt werden. Auch grössenmässig nahm die Dimensionierung der cerealen Imprints massiv zu. Ausdehnungen von hunderten Metern und darüber hinaus waren jetzt keine Seltenheit mehr.

Ein regelrechtes Alphabet von Kornhieroglyphen, die zumeist noch der Decodierung harren, hat sich inzwischen angesammelt. An die nahezu 10.000 Zeichen und Kreise sollen seit Anbeginn des Mysteriums nunmehr weltweit als temporäre Felderzierde gedient haben. Ohne Rücksicht auf Landesgrenzen verbreitet sich das Kornzeichnen zunehmend global. Und wenn kein Getreide zur Verfügung steht, dann tut's im Norden sogar Eis oder auch tiefes Einfurchen in trockene Steppenerde.

Ob es nun intelligent gesteuerte Plasma-Vortex-Strahlen sind oder eine andere Hypertechnik, mit der die bislang anonymen Künstler ihre Kreativität ausleben, ist nur von zweitrangiger Bedeutung. Wesentlicher ist, welche Geisteskraft diese offensichtlich höheren Naturgesetze so eloquent im Griff hat. Wer dieses schöpferische Potenzial innehat, der hat sicher auch seine guten Gründe, uns Nachrichten auf eben diese spezifische Weise zu mailen.

Dass innerhalb der Kreiszeichen vielfach psychische Veränderungen berichtet werden, deutet darauf hin, dass sich die Macher auch mit einem nicht zu geringen Quantum spiritueller Energie in dieser Sache engagieren. Da ausser Lichterscheinungen keine anderen visuellen Begleitphänomene beobachtet werden konnten, spricht viel für die These, dass hier das Einwirken aus einer anderen Dimension stattfindet. Es zeichnet sich ab, dass Ufos, PSI-Erfahrungen und Kornkreise um ein und denselben Kern kreisen.

Deshalb wird es jetzt ganz besonders interessant, da die Zeichner mit dem imaginären Zirkel nunmehr offenbar entschieden haben, mehr von und über sich preiszugeben.

"Der Korb", 1999, Ausschnitt

MEILENSTEINE DER KORNKREIS-ENTWICKLUNG

DIE ANFÄNGE
der Kornkreise sind nicht sehr gut dokumentiert. Gesichert sind seit Mitte der
70ER JAHRE
einfache Kreise in Südengland. Die
80ER JAHRE
zeigten erste komplexere Gebilde.

1990:
zB das "Sri Yantra" im Trockensee von Oregon (Linienlänge 25 Kilometer!)

1991: GB 52 Formationen
zB das "Apfelmännchen", ein nur computerberechenbares Fraktalgebilde

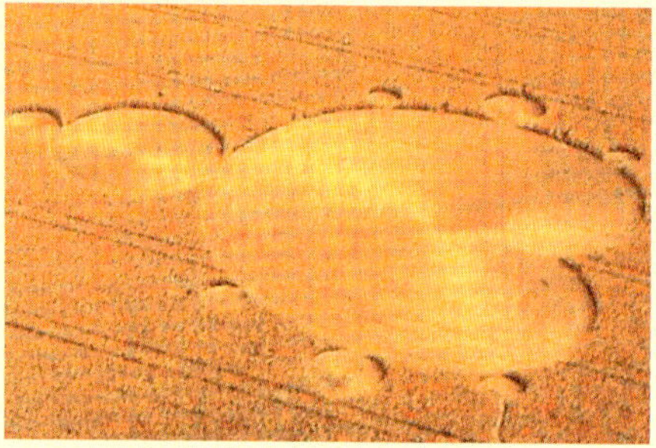

und das "Barbury Castle", die Mutter aller Piktogramme.

1992: GB 204 Formationen
zB das "Dharma-Rad" mit 50 m grossem Symbolkreis und

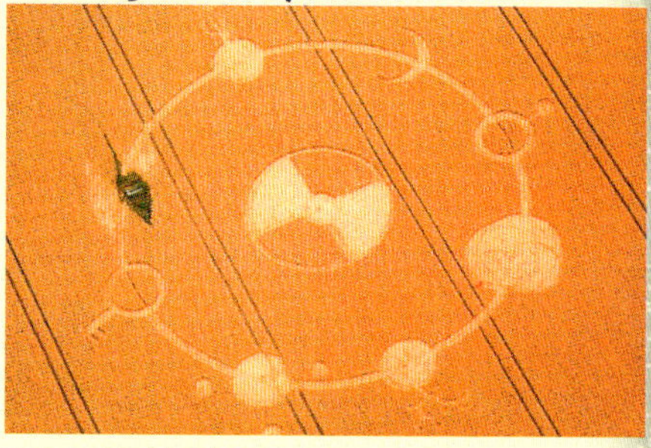

das "East Meon"-Piktogramm mit dem Sumerischen ähnlichen Zeichen.

1993: GB 84 Formationen

zB das "Bythorn-Mandala"
während der Zeichenflaute

und die Formation von Loughborough
waren bemerkenswert.

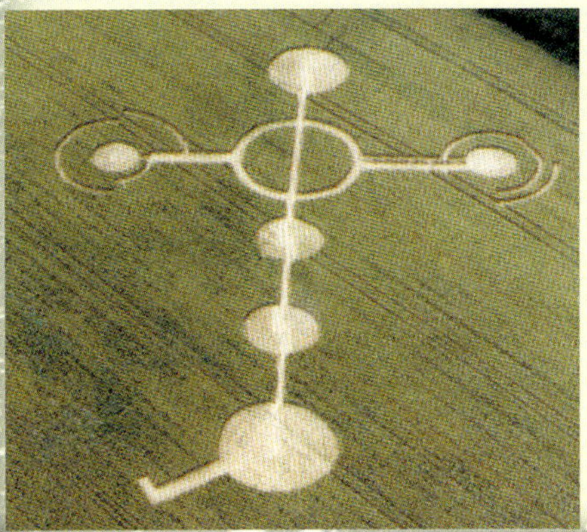

1994: GB 168 Formationen

zB die "Galaxis", das "Spinnennetz",
und eine "Kometen-Formation".

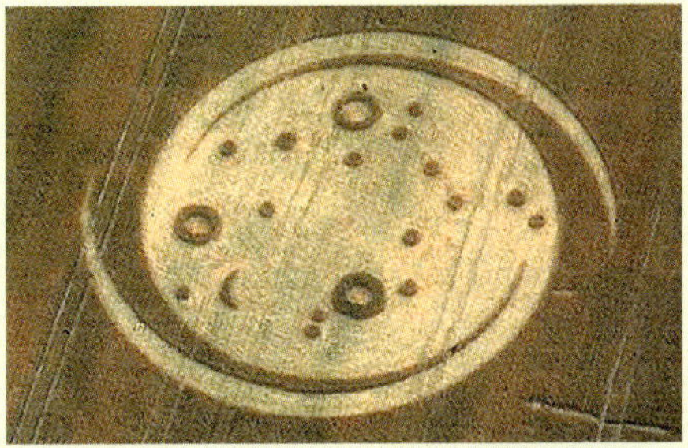

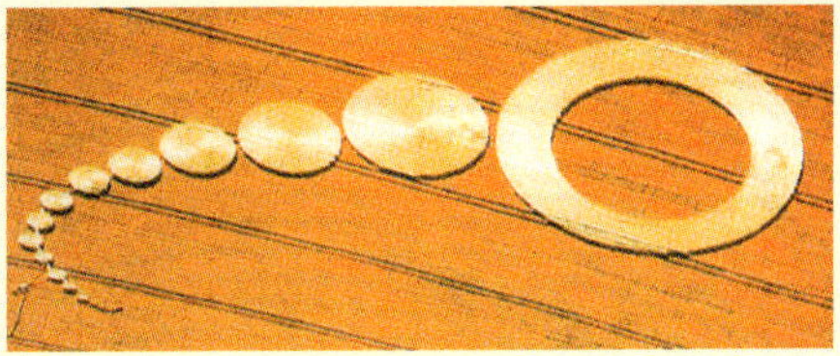

1995: GB 121 Formationen

zB Sonnensystem mit "Asteroiden-
gürtel", 88 m breit aus 65 Kreisen,

und ein so einfaches wie meisterliches
Heilige Geometrie-Piktogramm - 50 m
durchmessend - entstanden nahe dem
›Weißen Pferd‹ von Hackpen Hill.

1996: GB 83 Formationen
zB Fraktales "Julia-Set" aus 149 Kreisen
mit 305 m (!) Durchmesser

und das "Cosmic-Life-Symbol".

1997: GB 96 Formationen
zB die "Schneeflocke"
mit 80 m Durchmesser

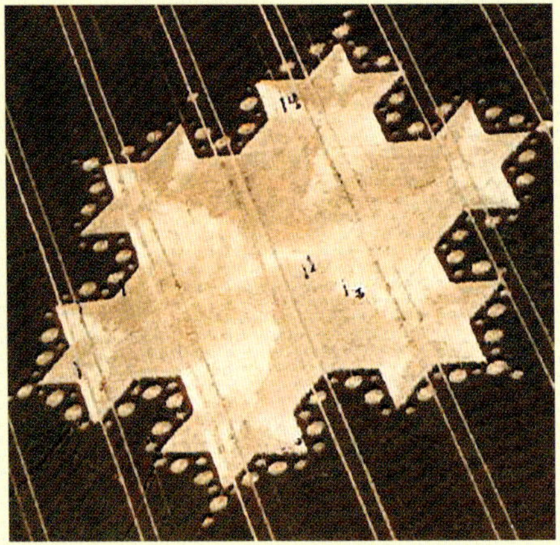

und die zwei
"Mondsicheln von Oliver's Castle".

1998: GB 96 Formationen
zB das "Flammenrad"
mit 33 Flammenzungen

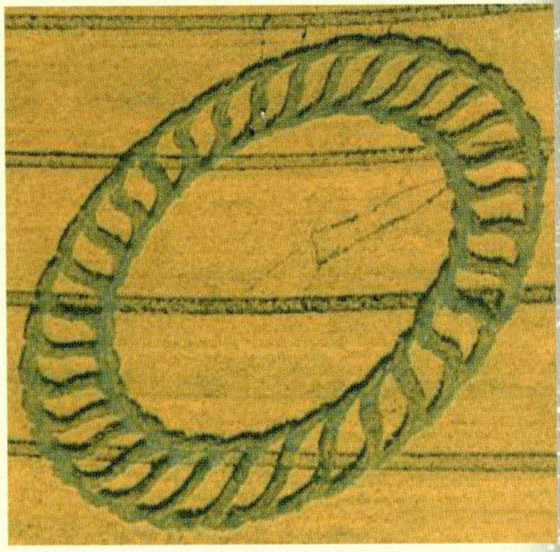

und ein perfektes "Siebeneck"
mit 6000 m² Bodenfläche.

1999: GB 144 Formationen

zB die präzisen "5 Pyramiden" von West Kennet mit 110 m Breite und

der "Saroszyklus" aus den Kernschatten-linien totaler Sonnenfinsternisse.

2000: GB 134 Formationen

zB im Hochsommer das "Magnetfeld", die Hauptattraktion dieses Jahres

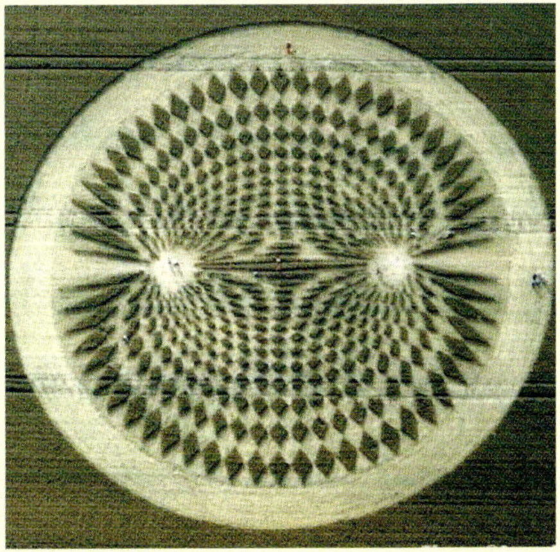

oder der "Hexa-Penta-Star".

2001: GB 102 Formationen

zB "6-armiges Julia-Set" aus 409 Kreisen, Durchmesser rund 300 m!

und die "Gedankenblasen".

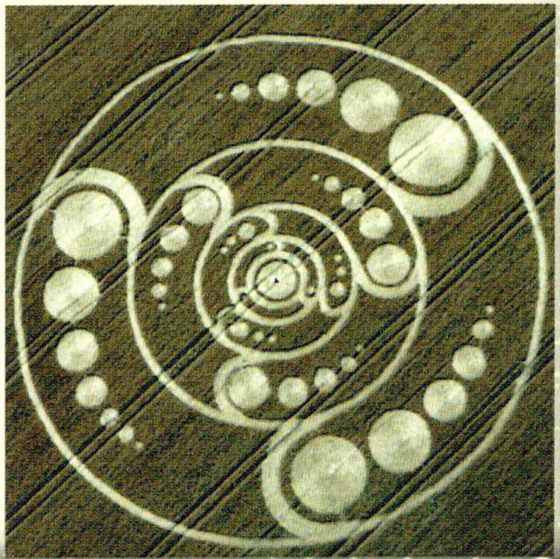

Grossbritannien - das Mutterland der Kreise

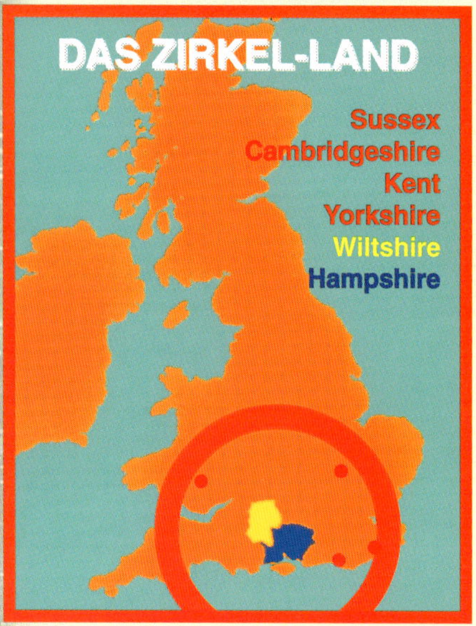

Geschätzte 70 bis 80 Prozent aller Kreise und Zeichen erscheinen in England, und ganz besonders häufen sich die spontanen Impressionen in den südlichen Grafschaften Wiltshire & Hampshire. Das liegt vielfach vermutet an der besonderen energetischen Situation dieser Gegend. Nicht ohne Grund ist auch der berühmte Steinkreis von Stonehenge hier angesiedelt.

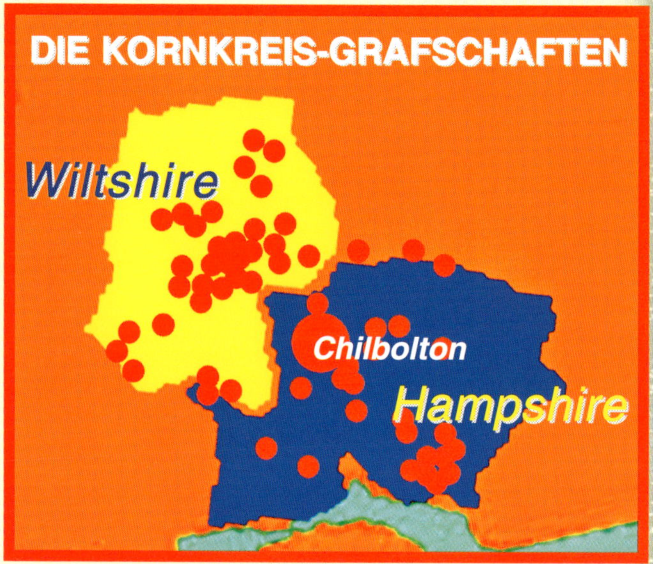

TAUSENDE KORNKREISE IN ÜBER 40 LÄNDERN

EUROPA
Belgien
Bulgarien
Dänemark
Deutschland
Finnland
Frankreich
GUS
Irland
Italien
Kroatien
Lettland
Niederlande
Norwegen
Österreich
Polen
Rumänien
Schweden
Schweiz
Slowakei
Slowenien

Spanien
Tschechien
Türkei
Ungarn
AMERIKA
Brasilien
Kanada
Mexiko
Peru
Puerto Rico
USA
ASIEN
Afghanistan
Indien
Israel
Japan
Malaysia
AUSTRALIEN
Neuseeland
AFRIKA
Ägypten
Botswana

Die Ortschaft Chilbolton in West Hampshire

Die 3000-Seelen-Gemeinde mit bilderbuchartigen Cottages und botanischer Reputation liegt im Testtal 15 Meilen nördlich von Winchester und 5 Meilen südlich von Andover. Stonehenge ist in Luftlinie etwa 20 Meilen entfernt.

Wie viele andere britische Dörfer ist Chilbolton reich an Geschichte. Schon Artefakte aus der Steinzeit erzählen da-

von, viele Ausgrabungsstücke können im British Museum und auch im nahen Winchester Museum gesehen werden. Auch ist die Gegend für ihre Hügelanlagen bekannt, einige finden sich ganz in der Nähe.

Die Vergangenheit von Chilbolton - oder Ceobaldinctura, wie es zur Sachsenzeit hiess - weist ziemlich kriegerische Zeiten auf. Erst kürzlich konnten nahe des jetzigen Radioteleskops und ehemaligen Flugfelds römische Siedlungsreste freigelegt werden.

Der nahe vorbeiführende, immer noch existente Markweg ist eine der ältesten Strassen Englands und scheint in prähistorischer Zeit die Reiseroute nach Stonehenge gewesen zu sein.

Das Land rund um das Observatorium gehört zur Leckford Estate der John Lewis Gruppe. Ben Gibbons, der Verwalter des Anwesens war sehr strikt in seiner Anweisung, jeden ungebetenen Besucher des Feldes sofort zu vertreiben. Obwohl er im Gespräch sehr interessiert war, mehr über die beiden Formationen zu erfahren.

Chilbolton-Rundum-Panorama von der Teleskopschüssel aus

Das Observatorium von Chilbolton, England

...ist der Welt höchst entwickelte meteorologische Radarstation und steht nahe der britischen Ortschaft Chilbolton in der Grafschaft Hampshire. Es operiert mit einer beweglichen 25-Meter-Parabol-Antenne und einem 3-Gigahertz-Doppler-Polarisations-Wetterradar mit einem Reichweitenradius von über 200 Kilometern. Neben zwei weiteren Radareinheiten auf der Frequenz von 35 und 94 GHz gehören zur Einrichtung auch verschiedene experimentelle Mikrowellen-Kommunikationseinrichtungen wie auch diverse Satelliten-Empfänger. Im Observatorium werden regelmässig nationale wie auch internationale universitäre Forschungen und Experimente abgewickelt.

Das ›Chilbolton Radio Communications Research Unit‹ ist Teil des Rutherford Appleton Laboratory und dieses wiederum eine Anlage des ›Central Laboratory of the Research Council‹ CLRC. Erbaut wurde es 1965. Geografische Lage: 51°08' N 01°26' W

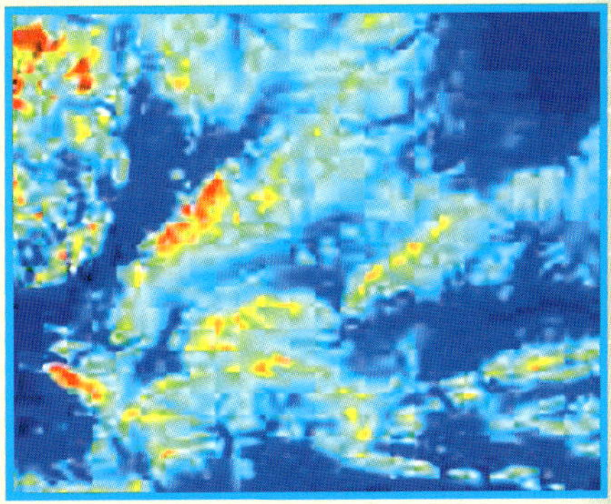

... dient hauptsächlich der Wetterforschung

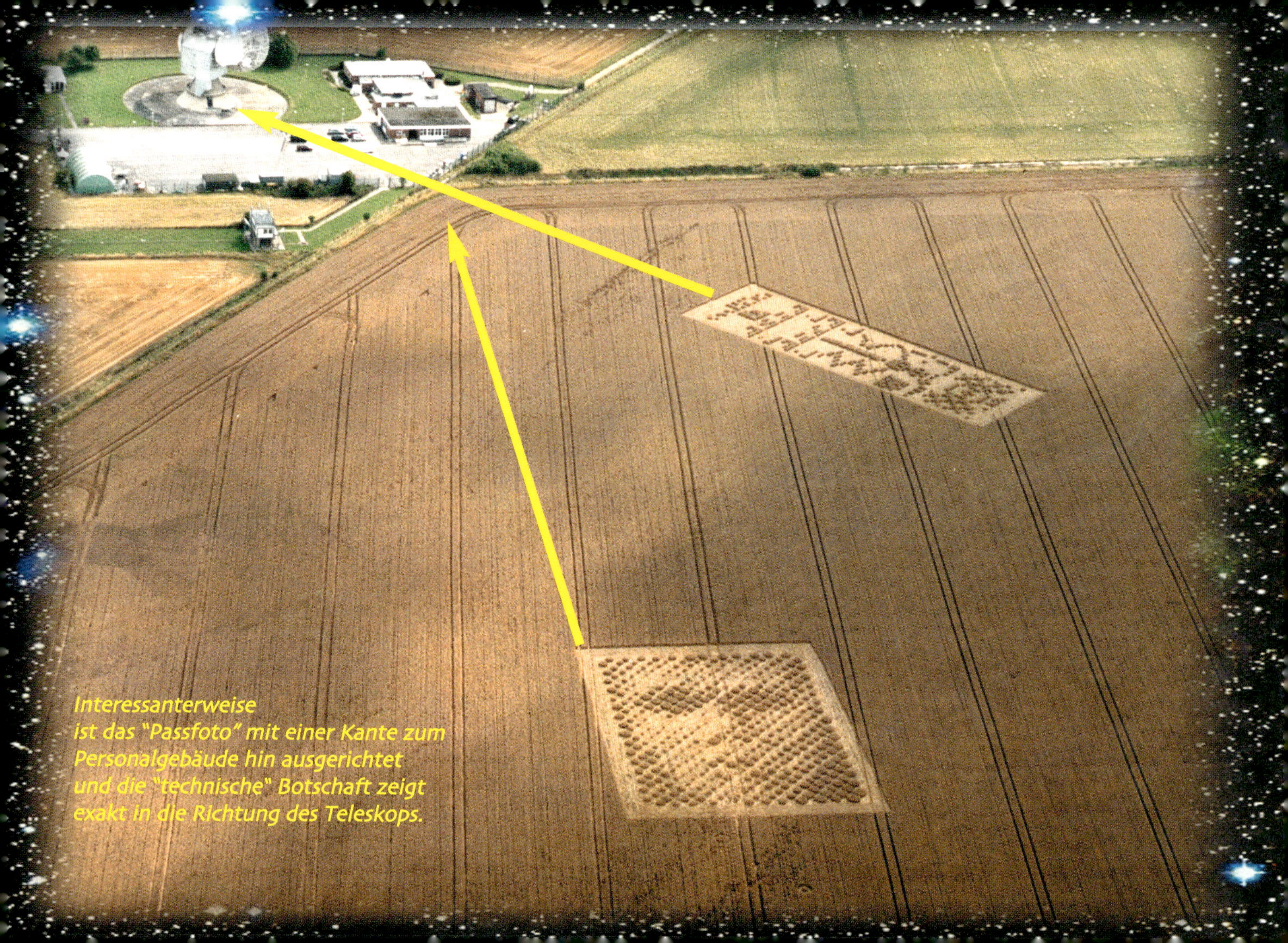

Interessanterweise
ist das "Passfoto" mit einer Kante zum
Personalgebäude hin ausgerichtet
und die "technische" Botschaft zeigt
exakt in die Richtung des Teleskops.

2001 - Der Kontakt

Wir schreiben Dienstag, den 14. August im ersten Jahr des neuen Millenniums. Am Morgen dieses Tages bemerkt ein Angestellter des Chilboltoner Observatoriums in Südengland einen seltsam gemusterten, irgendwie eckigen Fleck im reifen Weizenfeld vor seinem Arbeitsplatz. Auch anderen Mitarbeitern fällt die Veränderung im Feld auf, weil sie tags zuvor jedenfalls noch nicht da war. Aber aus dem flachen Blickwinkel ist im schon hohen Weizen nichts klares erkennbar, nicht einmal von der Plattform der Teleskopschüssel aus. Also macht man sich keine weiteren Gedanken.

Viele Leute kommen hier nicht vorbei, denn das Areal ist Staatsbesitz. Doch ein paar Tage später trabt eine Reiterin den Pfad an dem riesigen Feld entlang. Mit Kennerblick fallen der Frau die scharf konturierten Linien im wogenden Halmenmeer auf und sie vermutet gleich einen neuen Kreis. Nach ihrem Ausritt mailt sie die Neuigkeit sofort der befreundeten Fotografin Lucy Pringle. Die wiederum weiss, dass in einer solchen Situation Eile not tut, denn allzu oft schon hatten wütende Bauern frische Zeichen flugs abgemäht - obwohl sich das inzwischen gebessert hat, seitdem es diese spezielle Kornkreisernteschadenversicherung gibt und die famosen Zeichen zudem merklich den lokalen Tourismus ankurbeln.

Lucy macht sich mit ihrem Equipment umgehend auf, das Terrain zu erkunden. Mit ihrem Fluggerät - über das sie sich wohlweislich ausschweigt, um künftige Erkundungen nicht zu gefährden - überfliegt sie wenige Stunden später - es ist Montag der 20. August - mehrmals die Anbaufläche und kann es vor ungläubigem Staunen kaum fassen:

Videostandbilder aus "The Face"

Zum einen war sie überrascht, gleich zwei Zeichen zu sehen: Einen länglichen Streifen, möglicherweise eine Art Computerchip, jedenfalls ein völlig untypisches Zeichen, wie sie es noch nie zuvor gesehen hat. Sieht ja auch fast wie eine Lego-Reihenhaussiedlung aus!

Und die zweite, kleinere Formation - kaum 100 Meter vom ersteren Zeichen entfernt - war auch aus der Luft auf die Schnelle einfach nicht entzifferbar. Lucy konnte keinen Sinn in dem Punktemeer erkennen. Nur dass dies wahrlich keine Kornkreise mehr sind, sondern definitive Korn-Rechtecke! Ein völlig neuer Trend in der Halmzeichensprache!

Enthusiastisch, aber trotz langjähriger Kornkreiskennerschaft dennoch leicht irritiert, wählt Lucy wieder zu Hause am selben Tag noch die besten Aufnahmen aus und stellt erst jetzt verwundert fest: Das ist ein Gesicht, ganz eindeutig! Sie musste die Fotos nur in einem bestimmten Winkel halten oder unscharf ansehen, dann kam es frappant zum Vorschein und blickte zurück.

Sofort scannte sie einige Bilder und mailte sie dem Computerexperten Paul Vigay und bat ihn um Identifizierung der "Computerchip"-Formation, mit der sie noch nicht klar kam. Innerhalb von Minuten rief er zurück, denn er erkannte gleich, dass der "Chip" verblüffende Ähnlichkeit mit der SETI-Botschaft von Arecibo hat. Er wusste, dass diese damals im universalen Binärcode konzipierte irdische Botschaft speziell zur versuchsweisen Kommunikation mit ausserirdischer Spezies entwickelt wurde. Und er erkannte im Vergleich der beiden Binär-Designs auch rasch die feinen Unterschiede zur irdisch-kosmischen Flaschenpost von 1974.

Wenn das alles echt ist, dann ist es von globaler Bedeutsamkeit! Also stellte Lucy die besten Aufnahmen baldigst auf ihrer Homepage zur Schau. Zugleich informierte sie einige befreundete Kreisforscher über die News. Sogleich begannen die autarken Investigationen: Kann das alles echt sein? Wie könnte solch ein Konterfei überhaupt gefälscht werden? In einer zweiten Welle werden die Webfotos von den Empfängern an weitere Webfreunde verschickt. Nach allen Regeln der Kunst werden die Gebilde nun schon von einer ganzen Gruppe Alternativwissenschaftlern hinterfragt!

Spontan kam Lucy auf die Idee, auch das Observatorium in Chilbolton anzurufen und bekam Chefin Darcy Ladd ans Telefon: "Wenn ihr sehen wollt, welch fantastische Kornkunstwerke vor euren Fenstern im Feld prangen, dann werft einen Blick auf meine Homepage!" Tatsächlich sah die Teleskop-Crew dem Alien erstmals auf Lucys Website ins Auge. Auf dem Radarschirm hatte sich in den Tagen vor seinem Erscheinen jedenfalls nichts Bemerkenswertes getan, versicherte die Teleskop-Managerin. Angestellte bestätigten zudem, dass der erste Imprint noch samstags allein im Feld gewesen sei, so musste das zweite Zeichen irgendwann am Sonntag oder in der Nacht zum Montag entstanden sein.

Die Sache sprach sich natürlich auch in der Umgebung wie ein Lauffeuer herum. Manche eilten heimlich zum Ort des Geschehens und mussten feststellen, dass aus nächster Nähe nur wenig mehr als ungewöhnlich verdreht darniederliegendes Korn zwischen ansonsten in Reih und Glied stehenden Halmbüscheln zu sehen war. Alle professionellen Kornkreisforscher von Dorset bis Wessex waren binnen kurzer Zeit zugegen, teils um die Crop-News ebenfalls aus der Vogelperspektive vors Objektiv zu bekommen und spektakuläre Videoaufnahmen zu drehen. Diverse private Untersuchungen und die üblichen Vermessungen werden vorgenommen: Das ET-Portrait umspannt inklusive Rahmen rund 145 mal 167 Fuss (44 x 51 m) und die Longinus-Fläche mit dem Pixel-Salat an die 90 mal 265 Fuss (27 x 81 m).

Lucy kam zusammen mit einem TV-Team nochmals vorbei und vergrub zu späteren Testzwecken einige 25 ml-Wasserfläschchen sowohl innerhalb wie ausserhalb der Formationen. Sie konnte zudem feststellen, dass in beiden Zeichen keine Halme gebrochen waren, sondern dass sie ganz unten an ihrer Basis - von welcher Kraft auch immer - einfach gebogen wurden. Eines stand fest: Noch nie in der (geschriebenen) Geschichte der Menschheit hat sich eine ausserirdische Intelligenz so eklatant physisch gemeldet und zu erkennen gegeben!

ExtraTerrestrische Raster

Einige Korndetektive erkannten, dass es bereits im Vorjahr und in den Wochen und Monaten vor dieser sensationellen Entwicklung zu einzelnen Ansätzen von Punktrastern und Moirés bei anderen Kornkreisen kam.

Waren das etwa Fingerübungen und Vorversuche der anonymen Zeichenmacher, um etwas Training für ihre neuesten von flachgelegtem Korn umrahmten Meisterwerke zu erlangen? Haben sie etwa so ihre Technologie feinjustiert?

Wenn man sich die Steigerungen dieses agrarischen Pointilismus näher ansieht, drängt sich dieser Schluss auf.

2000

2001

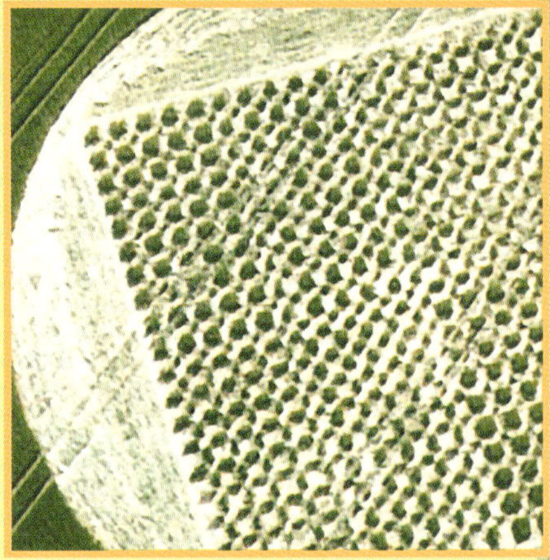

Flechtkunst der Aliens

2000

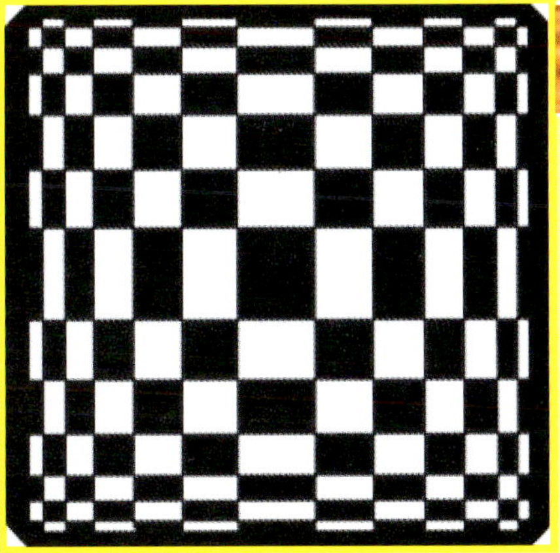

Von einfachen Schachbrettmustern zum im wahrsten Sinne des Wortes ›grobkörnig‹ gerasterten Getreidefoto, das ist der Quantensprung in der Kornkreis-Evolution! Lucy Pringle meinte zu mir, dass sie speziell die Schattengebung des Gesichts phänomenal findet. Die Halme um jeden der kleinen Büschelpunkte scheinen alle individuell ein klein wenig anders niedergelegt und verwoben worden zu sein.

Auch sei hervorzuheben, dass die Chilbolton-Zeichen die allerersten sind, deren Inhalt und Aussagekraft primär aus der "positiven Prägung" des stehengebliebenen Korns bestehen - weshalb die Zeichensetzer wohl ihr OEuvre auch zum allerersten Mal einrahmten! - aber nicht nur deshalb, wie wir später sehen werden!

1999

Die 412 inividuell verschiedenen

Rasterbüschel des Gesichts (Ø 3m)

Mitten im ›Gesichtsfeld‹ (hier im Auge) stehend ist kein Motiv zu erkennen

Das grösste Passfoto der Welt, "grobkörnig" gerastert.

Die immensen Grössenverhältnisse Mensch zu Photogramm

14. August 2001
Der Tag, an dem sich ET vorstellte:
"Hallo Erde!"

Halten Sie das digital aufgepeppte Bild etwas von sich entfernt und das Antlitz tritt stärker hervor.

412 Halbton-Rasterpunkte auf einem 30 x 30 Liniengitter lassen uns auch zwischen den Zeilen sehen.

Daily Mail

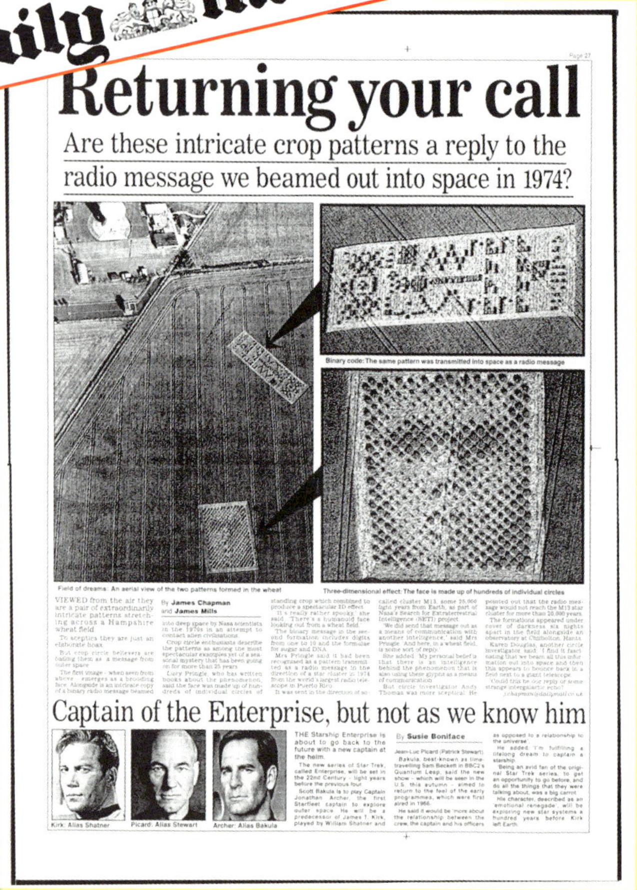

Page 27

Returning your call

Are these intricate crop patterns a reply to the radio message we beamed out into space in 1974?

Binary code: The same pattern was transmitted into space as a radio message

Field of dreams: An aerial view of the two patterns formed in the wheat

Three-dimensional effect: The face is made up of hundreds of individual circles

By **James Chapman** and **James Mills**

VIEWED from the air they are a pair of extraordinarily intricate patterns stretching across a Hampshire wheat field.

To sceptics they are just an elaborate hoax.

But crop circle believers are hailing them as a message from outer space.

The first image - when seen from above - emerges as a brooding face. Alongside is an intricate copy of a binary radio message beamed into deep space by Nasa scientists in the 1970s in an attempt to contact alien civilisations.

Crop circle enthusiasts describe the patterns as among the most spectacular examples yet of a seasonal mystery that has been going on for more than 25 years.

Lucy Pringle, who has written books about the phenomenon, said the face was made up of hundreds of individual circles of standing crop which combined to produce a spectacular 3D effect.

'It's really rather spooky,' she said. 'There's a humanoid face looking out from a wheat field.'

The binary message in the second formation includes digits from one to 10 and the formulae for sugar and DNA.

Mrs Pringle said it had been recognised as a pattern transmitted as a radio message in the direction of a star cluster in 1974 from the world's largest radio telescope in Puerto Rico.

It was sent in the direction of so-called cluster M13, some 25,000 light years from Earth, as part of Nasa's Search for Extraterrestrial Intelligence (SETI) project.

'We did send that message out as a means of communication with another intelligence,' said Mrs Pringle. 'And here, in a wheat field, is some sort of reply.'

She added: 'My personal belief is that there is an intelligence behind the phenomenon that is also using these glyphs as a means of communication.'

But circle investigator Andy Thomas was more sceptical. He pointed out that the radio message would not reach the M13 star cluster for more than 25,000 years.

The formations appeared under cover of darkness six nights apart in the field alongside an observatory at Chilbolton, Hants.

Karen Douglas, another circle investigator said: 'I find it fascinating that we beam all this information out into space and then this appears to bounce back in a field next to a giant telescope.

'Could this be our reply or some strange intergalactic echo?'

j.chapman@dailymail.co.uk

Captain of the Enterprise, but not as we know him

Kirk: Alias Shatner

Picard: Alias Stewart

Archer: Alias Bakula

By **Susie Boniface**

THE Starship Enterprise is about to go back to the future with a new captain at the helm.

The new series of Star Trek, called Enterprise, will be set in the 22nd Century - light years before the previous four.

Scott Bakula is to play Captain Jonathan Archer, the first Starfleet captain to explore outer space. He will be a predecessor of James T. Kirk, played by William Shatner and Jean-Luc Picard (Patrick Stewart).

Bakula, best-known as time-travelling Sam Beckett in BBC2's Quantum Leap, said the new show - which will be seen in the U.S. this autumn - aimed to return to the feel of the early programmes, which were first aired in 1966.

He said it would be 'more about the relationship between the crew, the captain and his officers as opposed to a relationship to the universe'.

He added: 'I'm fulfilling a lifelong dream to captain a starship.

'Being an avid fan of the original Star Trek series, to get an opportunity to go before, and do all the things that they were talking about, was a big carrot.'

His character, described as an 'emotional renegade', will be exploring new star systems a hundred years before Kirk left Earth.

Der auf den ersten Blick seriöse erste Chilbolton-Bericht auf Seite 27 der Londoner Massenzeitung entpuppt sich bei näherem Ansehen des journalistischen Umfeldes bald als dubios. Abgesehen von der Koppelung des Artikels mit einem Bericht über eine neue Star Trek TV-Serie, wird darin suggeriert, dass - wenn es schon kein Schwindel sei - es nur eine Art kosmisches Echo unserer eigenen Bumerang-Botschaft sei!

Der Fotografin Lucy Pringle liess es keine Ruhe: Die Presse musste informiert werden und natürlich wollte sie ihre Fotos auch abgedruckt sehen. Das Massenblatt Daily Mail sprang am 28. August als erste auf das Thema an, Tage später auch der Daily Express. Das war's aber in England auch schon wieder.

Der Hintergrund des Schweigens im Blätterwald: Erstere Zeitung ist dafür sattsam bekannt, dem Kornkreisphänomen nahezu bösartig gegenüber zu stehen. Die Redaktion engagierte bereits vor Jahren für viel Geld professionelle Kornkreisfälscher, um neue Zeichen im Feld erscheinen zu lassen. Vorgeblich, um nachzuweisen, wie einfach eine Fälschung zu installieren ist, doch der wahre Beweggrund liegt in der - aus welchen Gründen auch immer - Verulkung der Kornkreisanhänger. Ob hier nur Auflage gemacht werden soll oder andere Kräfte ihr Süppchen kochen sei dahingestellt - Tatsache ist jedenfalls, dass die wesentlichen Informationen stets zurückgehalten wurden.

So wird auch verständlich, dass sich die übrige britische Presse nicht mehr die Finger verbrennen wollte. Zudem hatten die wichtigsten übrigen Medien nach langer Pause gerade eine Woche zuvor über die famose Milk Hill-Formation berichtet, auch deshalb war ein neuerlicher Kornkreisbericht gerade nicht opportun.

Das "6-armige Julia-Set" schlug allein durch seine Grösse alles bisher im Korn Dagewesene. Gezählte 409 Kreise, die eine Fläche von fast 100.000 m^2 bedeckten, lagen am 12. August beeindruckend im Feld. Diese galaktisch anmutende Formation muss in der Nacht zuvor während strömendem Regen entstanden sein. Es war einfach unvorstellbar, dass dies zu schaffen sei, ohne irgendwelche Spuren zu hinterlassen. Weshalb auch viele TV-Sender von BBC bis CNN, auch japanische und australische TV-Kanäle darüber berichteten.

Der deutsche "Spiegel" hat sich dabei ein besonderes Eigentor geschossen. In seiner wie so oft zynisch-ironischen Weise zitierte er einen Zirkelfälscher dazu und schrieb unter dem Foto der Formation eine Grösse von einem Quadratkilometer (!) zu, obwohl sich jeder kritische Leser anhand der Traktorspuren seinen Reim auf diese Lüge machen konnte.

Wie turbulent es in dieser Woche im Korn zuging, zeigt auch eine nur zwei Tage nach Milk Hill - also zeitgleich mit dem Gesicht - bei Huish entstandene Formation, die von manchen als Darstellung der Ausstrahlung einer Funkbotschaft interpretiert wird. Diese allein schon durch ihre zarten Kreislinien authentisch anmutende Oktogon-Agroglyphe wird zusätzlich noch durch aufgefundene anomale Halmknoten bestätigt:

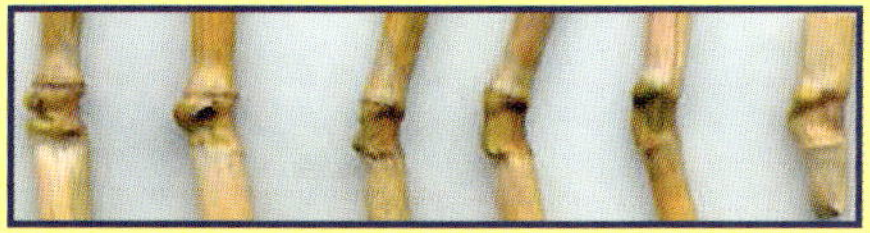

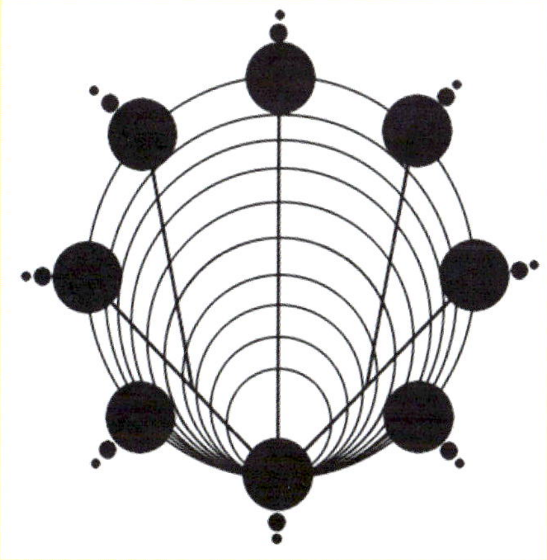

Wurde in der Grafschaft nebenan taggleich mit dem Korn-Gesicht entdeckt

19. August 2001

VIDEOSTANDBILD
ET hat geantwortet!

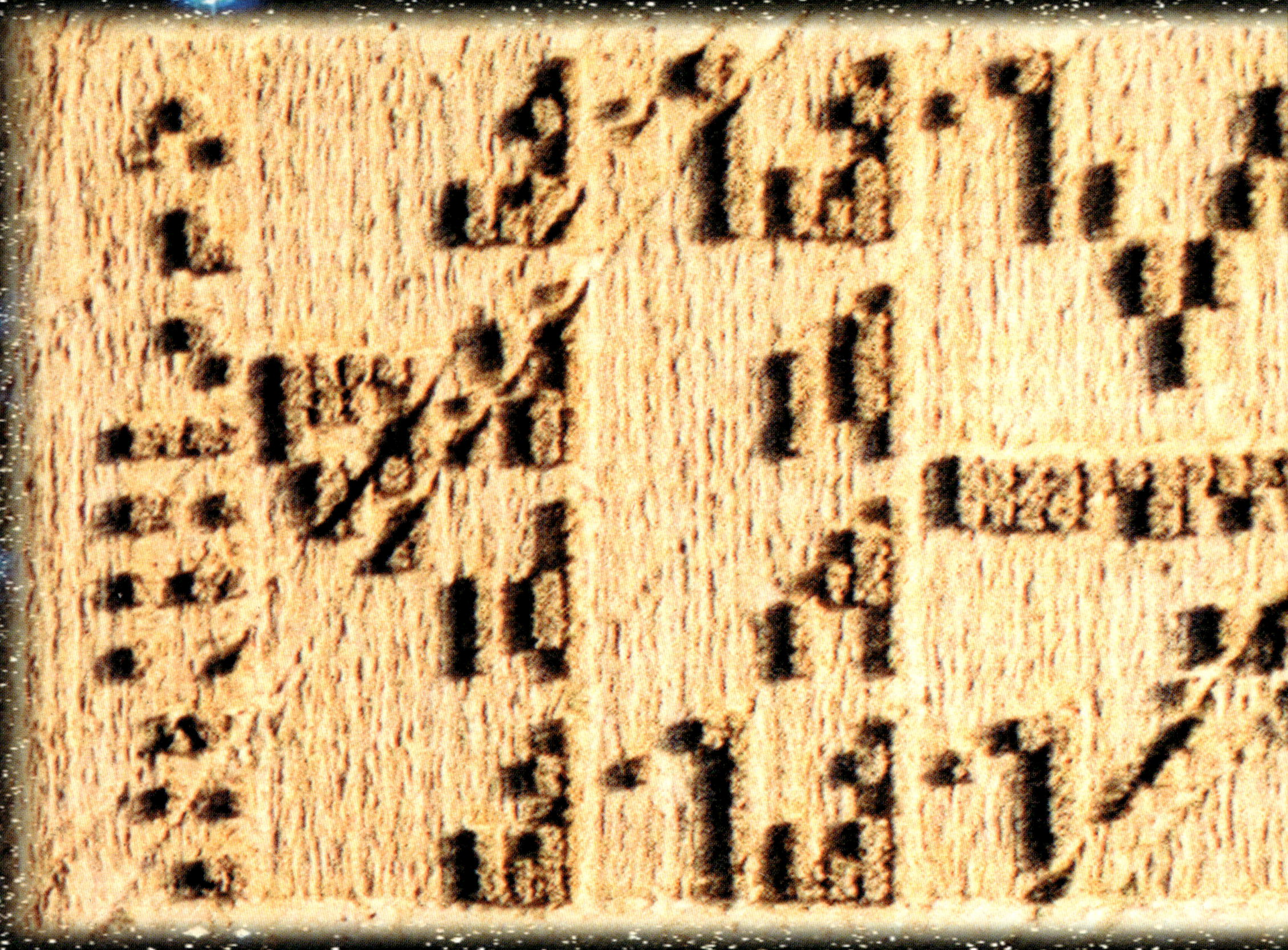

Das Antwort-Getreide-Fax der Aliens.

Entzerrte Luftaufnahme: 27 x 81 Meter!

Schon in den frühen 90er-Jahren zeigten sich im Raum Chilbolton erste Zeichen: Am 25. Mai erschien ein "umringter Kreis mit Pfeil". Interessanterweise wird dieser Kornkreis mit einer "Davidstern-Ufo"-Sichtung in Zusammenhang gebracht. Mehr als ein Dutzend Lynx Army-Helikopter überflogen damals das Observatorium.

Zwei Monate später, am 30. Juli 92 ,gab es "doppelringige Viertelbögen" zu sehen und am 1. Juli 94 wurden "zwei gleich grosse Kreise" gesichtet.

Bereits 1992 erschien ein einfacher Doppelkreis nahe Chilbolton.

1999: Antwort-Phase I

Erst in der Rückschau wird zur allgemeinen Verblüffung der Insider erkennbar, dass der so konkret gewordene Kontakt offenbar ›von langer ET-Hand vorbereitet‹ wurde. Die nun nicht mehr ganz so anonymen Absender des überlangen Korn-Faxes an die Menschheit haben uns sanft und wohlüberlegt wohl schon zwei Jahre zuvor mit einem Hinweis auf die Schulter getippt:

Das Kornfeld hinter der Chilbolton-Radarschüssel in der Grafschaft Hampshire wurde nämlich erstmals bereits im Juni 99 mit einem Imprint beglückt. In die damals gepflanzte junge Gerste wurde einer der ersten noch seltenen Punkteraster gebeamt. Das in Regierungsbesitz befindliche Grundstück ist von der Öffentlichkeit abgeriegelt, weshalb dieses Sierpinski-Muster nur wenigen bekannt geworden ist und auch nur wenige schlechte Fotos existieren.

Wollten uns die Zeichenmacher damit sagen: "Ja, wir wissen, dass Ihr erkannt habt, dass Fraktalstrukturen zur Potenzierung von Signalen genutzt werden können! Beschäftigt Euch noch mehr damit".

Ansicht von der Spitze zum Zentrum

Die erste nahe dem Observatorium erschienene Kornformation liegt...

...mit den Abmessungen 115 mal 66 m grössenmässig im oberen Mittelfeld.

Sierpinski-Gitter vom 12. Juni 1999
im Chilbolton-Teleskop-Feld

mit dieser Geometrie und Mathematik!" oder "Dies ist das Gitter Eurer Sendeanlage, auch wir senden mittels Fraktalstrukturen! Rund um Eure Arecibo-Anlage herrscht zu dichter Dschungel, dorthin können wir Euch keine Antwort beamen, so tun wir's eben im Weizenfeld neben diesem Observatorium!"

Wie auch immer, 1999 hat sich noch niemand Gedanken über solche möglichen Zusammenhänge gemacht. Erst im nachhinein ist die jährliche ›dezente‹ Steigerung der Korn-Post von Chilbolton glasklar sichtbar.

Dass der Fraktalgeometrie eine besondere Wichtigkeit zukommt, wollen uns die Zeichenmacher schon seit langem beibringen. Die ersten Fraktale erschienen schon Mitte der 90er und sind inzwischen auf mehrere Dutzend Formationen angestiegen. Vieles deutet zudem darauf hin, dass sie eigentlich dreidimensional zu verstehen sind.

Sierpinski's Dreiecke

Die nach dem polnischen Mathematiker Waclaw Sierpinski (1882-1969) benannte fraktale Struktur wurde erstmals 1916 beschrieben.

Es ist der "selbstähnliche" Charakter dieses Gitters, der es mathematisch so interessant macht. Jedes Dreieck beinhaltet drei kleinere gleichseitige Dreiecke und diese wiederum ebenfalls und so fort bis ins Unendliche. Es ist deshalb eine Grundfunktion in der Fraktal- und Chaos-Theorie. Dreidimensional entsteht daraus die Sierpinski-Pyramide. Diese Strukturen werden auch zur Optimierung von Antennen benutzt, da sie mit jeder Frequenz in Resonanz treten. Elektromagnetik und Geometrie haben solcherart vereint sogar bereits in Mobiltelefone Eingang gefunden.

146 exakt angeordnete Gerstenkreise verwiesen uns schon vor zwei Jahren auf eine in Zukunft äusserst wichtige Struktur. Eine amerikanische HiTec-Firma hat das messerscharf erkannt und diese Grafik sogar zu ihrem Firmenlogo gemacht.

In diesem in Relation zu ihrem Potenzial fast unscheinbar wirkenden Schema stecken solch enorme Möglichkeiten, dass wir sie noch längst nicht alle ausgelotet haben. Die Anwendungen reichen von der Architektur bis hin zu Formwellengeneratoren, einer noch in den Kinderschuhen steckenden Hypertechnologie...

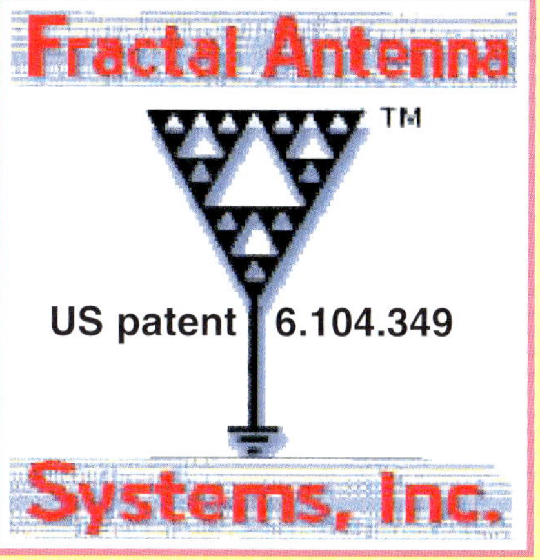

Die Heilige Geometrie

Form ist von Geometrie ebenso untrennbar wie Geometrie untrennbar von Schwingung, Resonanz und Frequenz ist. Mit anderen Worten: Jede Form hat ein bestimmtes 'Bewusstsein'.

Seit Äonen haben Mystiker von der schwingenden Natur des Bewusstseins gewusst und heute bestätigt die zeitgeistige Forschung auf einer breiten Palette wissenschaftlicher Gebiete, dass auch Gedanken, Emotionen und Geisteshaltungen nicht nur die Materie beeinflussen, sondern sogar eine Art subatomares Substrat bereitstellen, auf dem Materie in erkennbaren Mustern fliesst. Jedes veränderte Gefühl, jede Stimmung, jede kleinste Nuance beeinflussten das Ganze mittels Geometrie. Die Hl. Geometrie ist das Eingangstor zu diesem Prinzip der Allverbundenheit, der Untrennbarkeit und immanenten Einheit aller Kreation.

Klang ist Form: zB wurde das Chanten der heiligen Silbe OM durch tibetische Mönche aufgenommen und auf eine mit Sandkristallen bestreute Resonatorplatte übertragen. Sofort bildeten sich im vibrierenden Sand die Umrisse des Sri Yantras heraus - gemäss Hindutradition das Schöpfungsmuster des Universums:

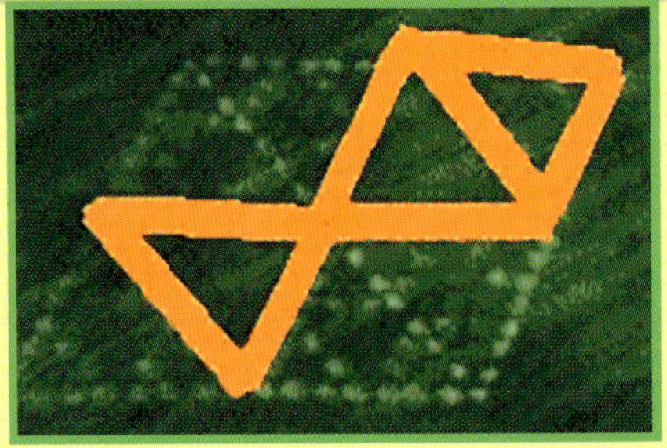

Einige Forscher meinen, in diesem 146-Kreise-Zeichen auch Hinweise auf die trigonale Arecibo-Antennenanlage zu se-hen, dem ich mich allerdings nicht recht anschliessen kann, da es sich hier doch nur um Halterungen und Verkleidungen handelt.

Wir werden allerdings weiter unten in dieser Publikation sehen, dass hier noch eine andere mathematische Botschaft schlummert.

Schmetterlings-Fraktal vom 13./14. August 2000

2000: Antwort-Phase II

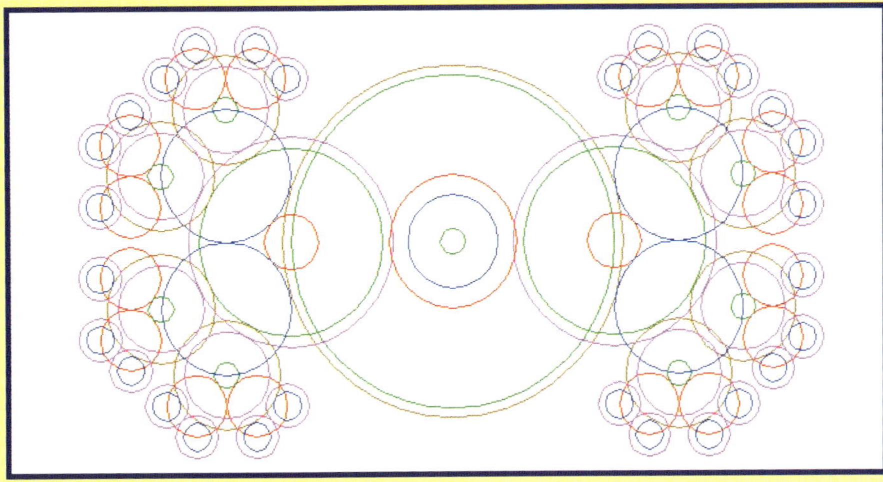

Im Sommer 2000 gab es besonders viele komplexe Zeichen zu bestaunen. Das im nachhinein Verblüffendste: Auf den Tag genau ein Jahr vor dem 2001er-ET-Gesicht prangte plötzlich das etwa 40 x 90 m grosse Schmetterlingsfraktal im Feld gegenüber dem Antennenfraktal wieder in Sichtweite der Teleskop-Crew, als ob die Botschaft dem Personal gälte.

Wie hier mit geplättetem und stehengelassenem Korn gleichzeitig gezeichnet wurde, das leitete doch eine völlig neue Tendenz ein.

Vielerlei Vermutungen wurden angestellt, zwei abstrahierte Hirnhälften wurden darin gesehen, eine Aufforderung zur Telepathie, ein Sonnensymbol und anderes. Schliesslich aber setzte sich die Bezeichnung Schmetterling durch.

Diese perfekt fraktale Formation setzt sich samt ihren Ausläufern aus insgesamt 149 kleinen und grösseren Kreisen und Ringen zusammen. Erst im Jahr darauf entdeckte man begeistert, dass eben dieses Ringelreihen in der Arecibo-Antwort in gepixelter Form wieder auftauchte, wohl um einen Zusammenhang herzustellen.

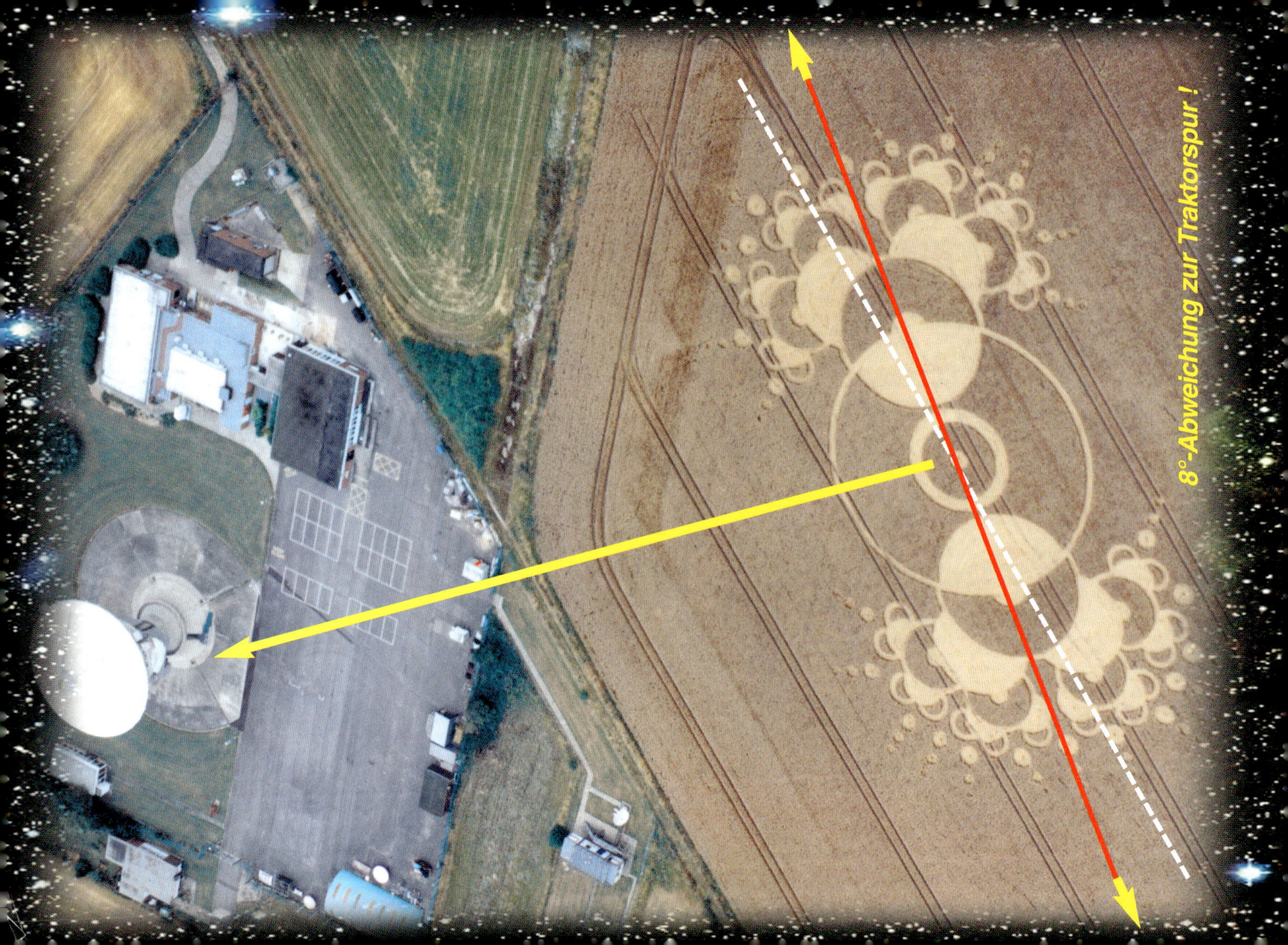
8°-Abweichung zur Traktorspur !

Ebenso wie die Sierpinski-Formation aus 1999 waren die Veränderungen im Feld vom flachen Boden aus sehr schwer erkennbar. Es führten keinerlei Fusspfade zum Zeichen hin - solange es nicht von aussen besucht wurde.

Etwa im rechten Winkel zum Teleskop ausgerichtet und mit 82° Schräglage zur Fahrgasse, soll es uns scheinbar auf etwas, das mit Senden und Empfangen zu tun hat, hinweisen - was sich im Jahr darauf auch bestätigen sollte!

Rechts die stufenweise Darstellung der extrem aufwendigen Konstruktionsschritte. Dies allein zeigt meines Erachtens zur Genüge, dass solch eine Formation nicht nächtlich innerhalb von wenigen Stunden, zudem ohne irgendwelche verräterische Spuren zu hinterlassen, ins Korn geprägt werden kann.

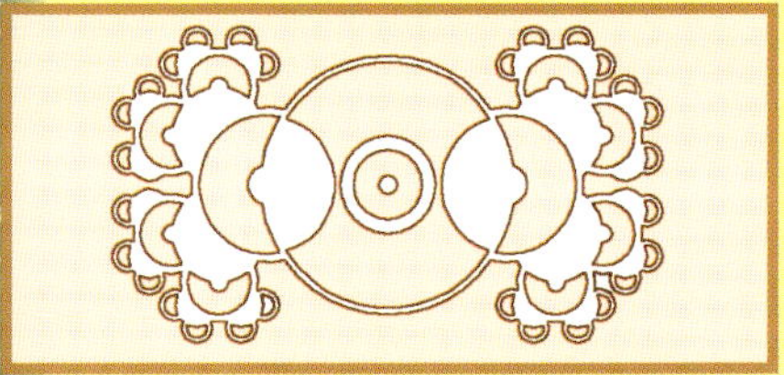

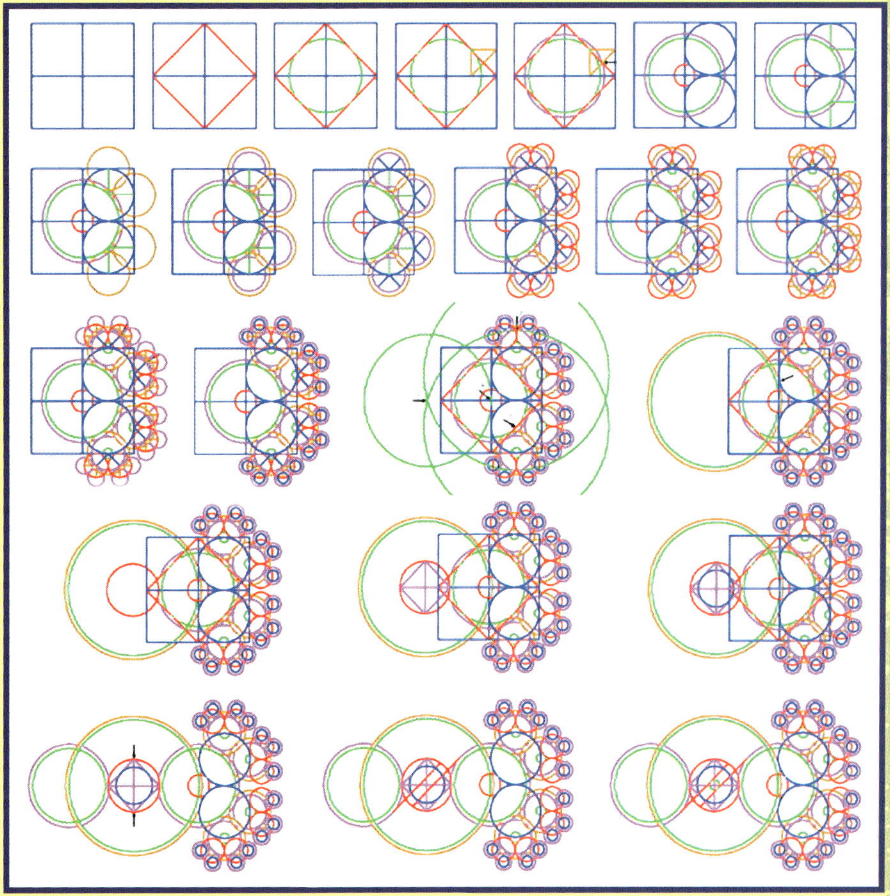

14. August 2001: Die Vorstellung

Ein Versuch, die leicht dreidimensionale Qualität des Korngesichts mit grafischen Computertricks hervorzuheben. Denn das Gesicht zeigte sich im Feld bei verändertem Sonnenstand, - beabsichtigt oder nicht - mit stets etwas verändertem Gesichtsausdruck - einem Morgen-, Mittags- und Abendblick sozusagen.

August 2001: Antwort-Phase III-1

Wie es sich in unserer Zivilisation gehört - es ist wohl eine universale Benimmregel - stellt man sich Unbekannten zuerst einmal höflich vor. In Ermangelung einer Visitenkarte und eines direkten Handshake hatte ET die alternativ reizvolle Idee, sich eben via sein gebeamtes Portraitbild bekanntzumachen.

Warum haben sich die Aliens nicht schon längst Angesicht zu Angesicht physisch vorgestellt? Oder sich zumindest via Telepathie oder mit von NASA und SETI (angeblich) so ersehnten Funksignalen gemeldet?

Stellen wir mal eine Hypothese in den Raum: Diese direkten Kontakte sind schon vor geraumer Zeit geschehen! Und diese Fakten sind möglicherweise von Mächtigen, denen das nicht ins Konzept passt, unterdrückt worden? Es gibt ja doch

Die Proportionen zwischen den hochgerechneten menschlichen Durchschnittsgesichtern und dem Alien-Kopf stimmen nicht überein: Der ET-Schädel ist höher und insgesamt grösser!

einige globale Herrenclubs, denen die Welt lieber so als anders genehm ist...

Meine nicht ganz unbegründete Vermutung ist, dass ET deshalb den tollen Weg wählte, eben mit Kornzeichen - auf sanfte, die Erdbevölkerung nicht verschreckende Weise - entgegen der Intention der Evolutionsverhinderer, Kontakte zu knüpfen!

Es wird zwar nach wie vor versucht, die Cereal-Designs irgendwelchen verrückten Freaks zuzuschreiben - die meisten Massenmedien spielen dieses mehr als fragwürdige Spiel aus Dummheit oder in vorauseilendem Gehorsam mit - aber die Masche zieht nicht mehr so recht, seit die Fakten zunehmend klar liegen.

Die Chilbolton-Agroglyphen sind in diesem Zusammenhang als absoluter Wendepunkt zu sehen. Nichts ist in Sachen Kornkreise mehr wie vorher. Was bislang vielfach nur Verdacht war, ist zur Gewissheit geworden: Wir sind nicht (mehr) allein im Universum! Das grösste Abenteuer der Menschheit hat begonnen...

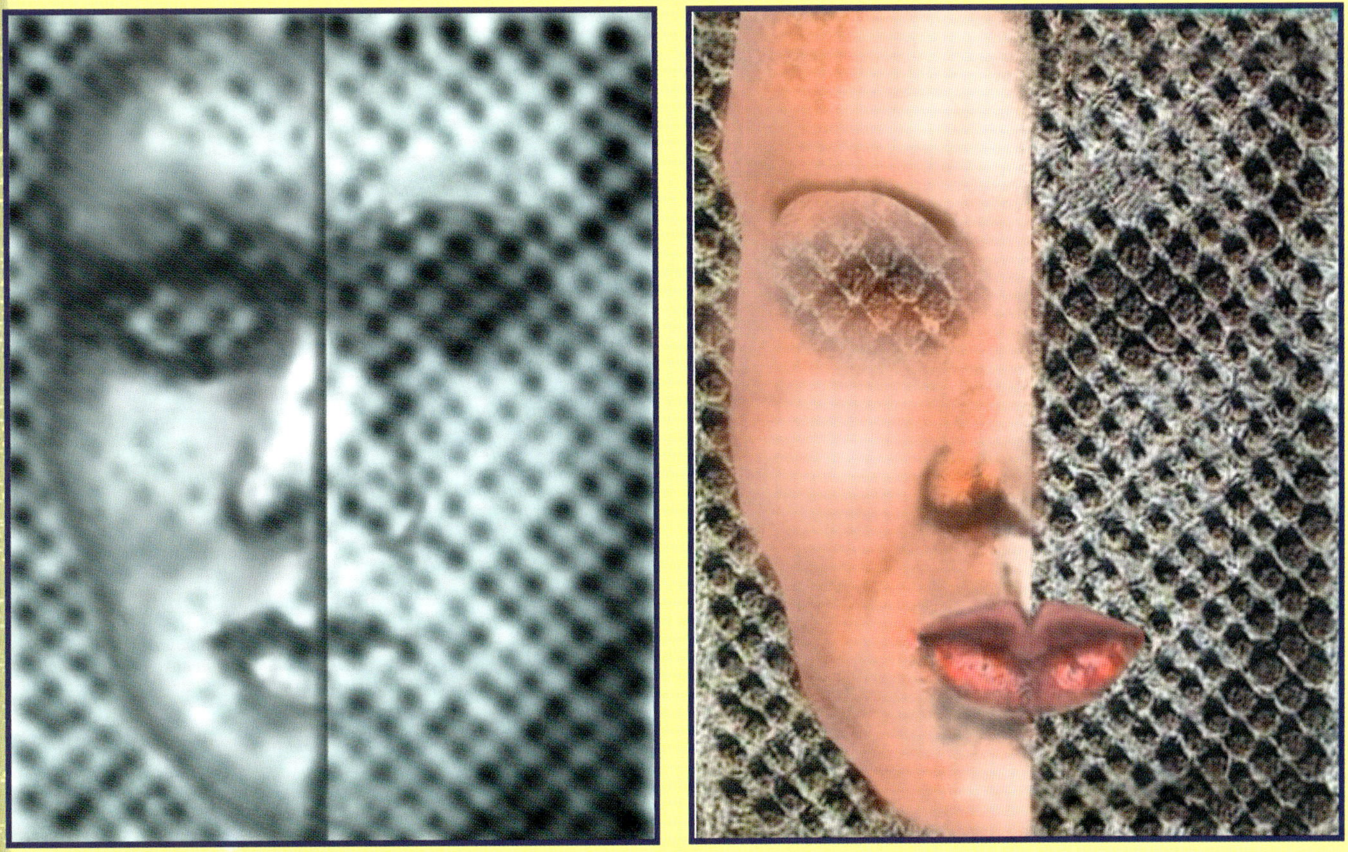

Künstlerische Versuche, dem Alien-Korngesicht mehr Tiefe, Identität und Ausstrahlung zu verleihen.

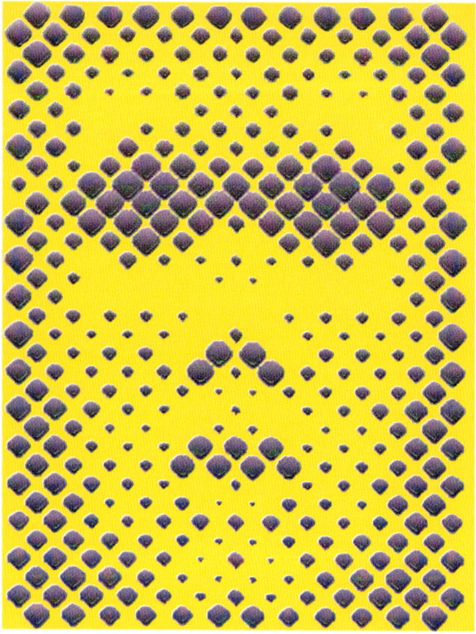

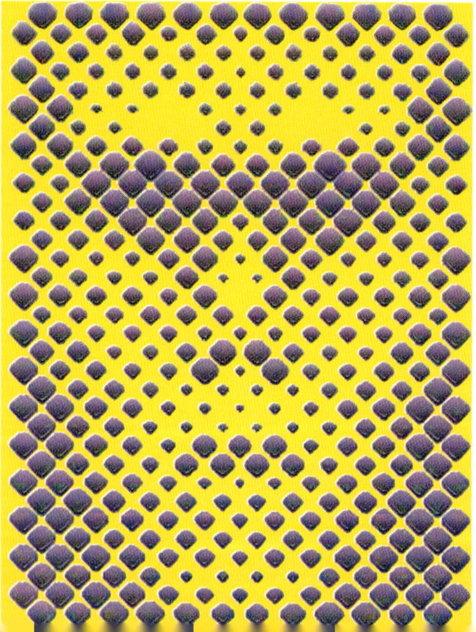

Spiegelungen der linken (oben) und rechten (unten) Gesichtshälfte.

Ein Rasterpunkt durchmisst rund drei Meter.

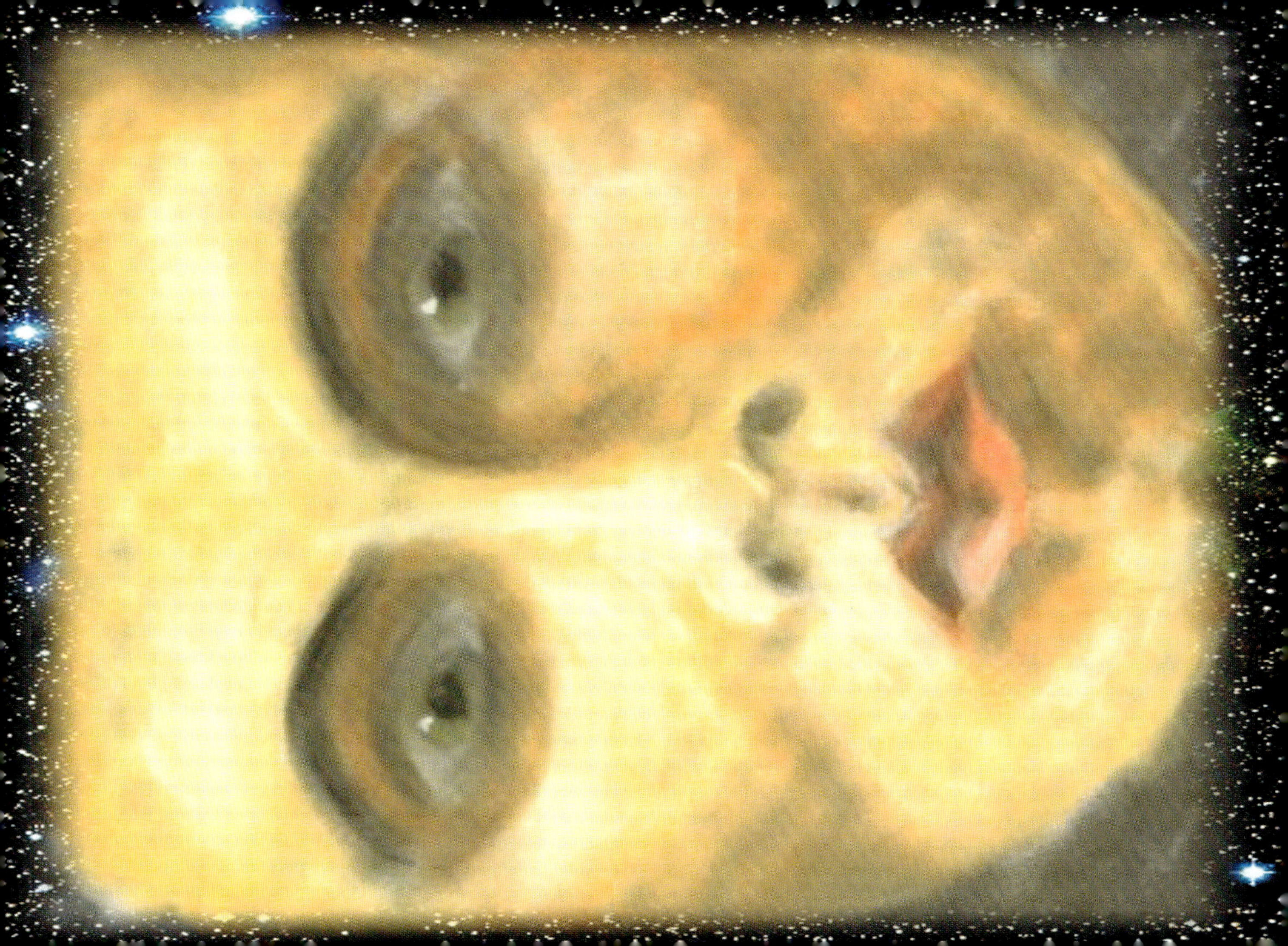

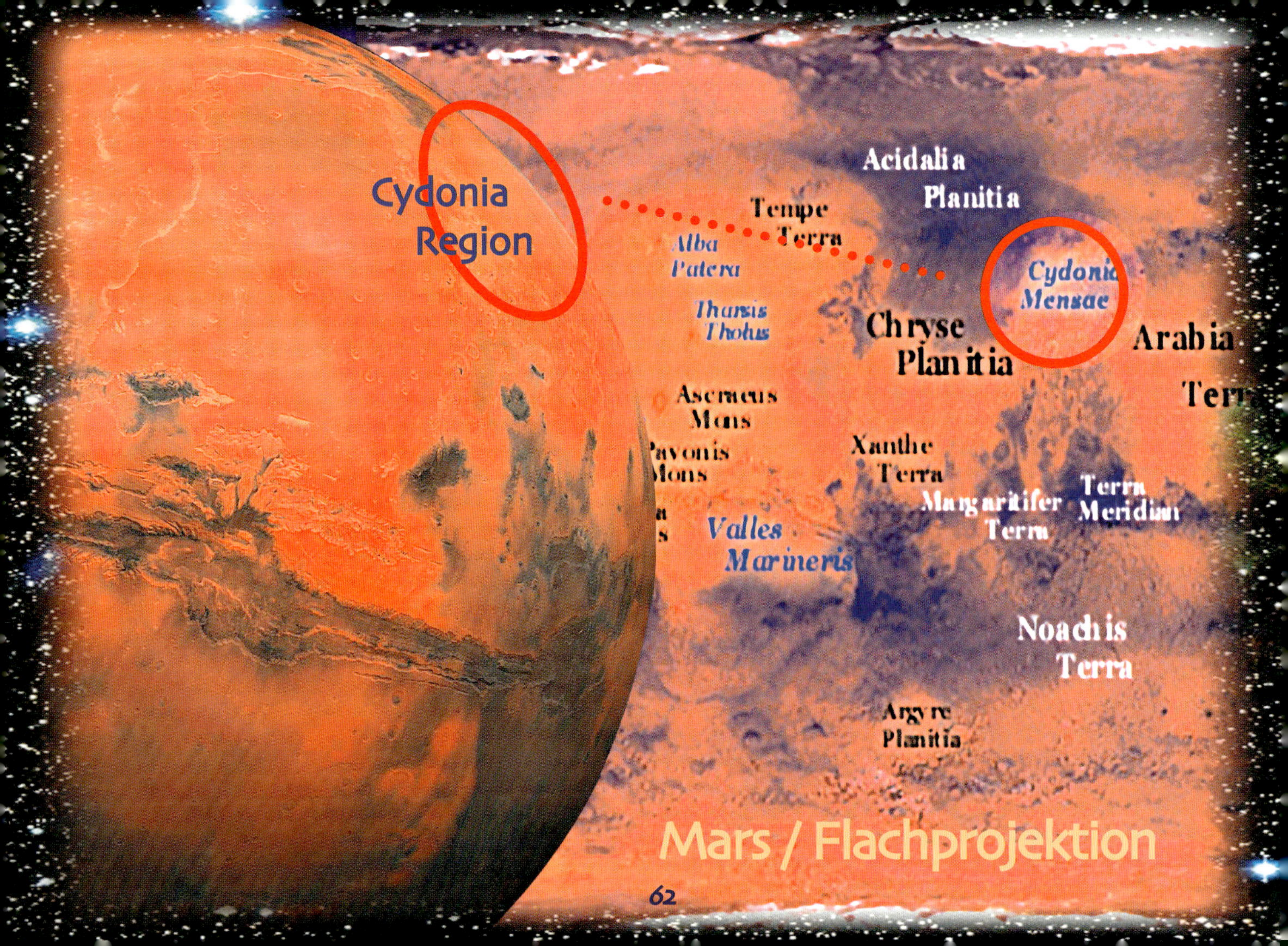
Cydonia
Region
Acidalia
Planitia
Tempe
Terra
Alba
Patera
Cydonia
Mensae
Tharsis
Tholus
Chryse
Planitia
Arabia
Terra
Ascraeus
Mons
Pavonis
Mons
Xanthe
Terra
Margaritifer
Terra
Terra
Meridiani
Valles
Marineris
Noachis
Terra
Argyre
Planitia
Mars / Flachprojektion

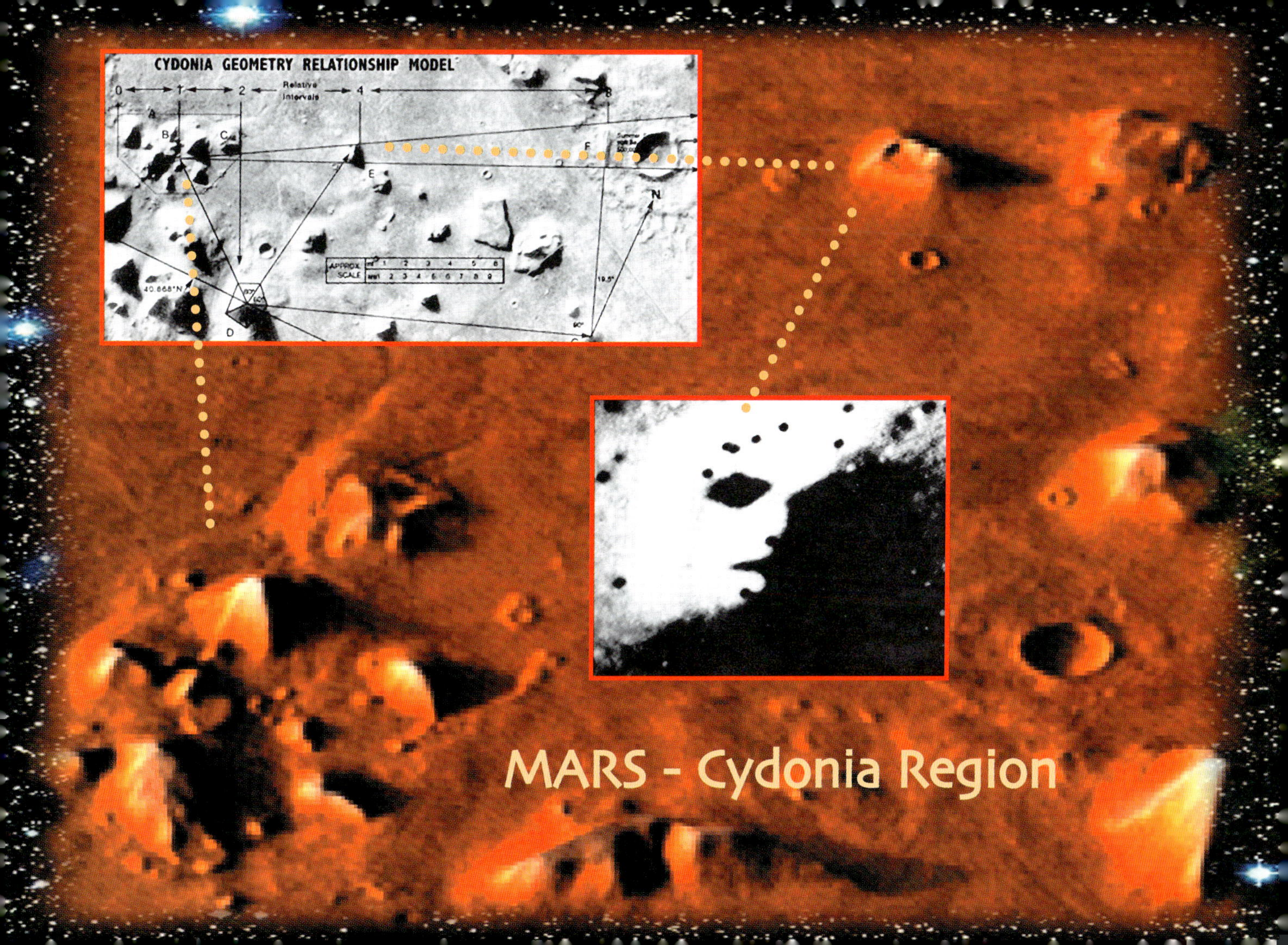
CYDONIA GEOMETRY RELATIONSHIP MODEL
0
1
2
Relative
Intervals
4
8
A
B
C
E
F
N
D
40.868°N
APPROX.
SCALE
19.5°
MARS - Cydonia Region

Das Mars-Gesicht

1976 fotografierte die VIKING-Sonde unseren roten Nachbarplaneten gleich 300.000-mal. Vier Jahre später entdeckte Vincent DiPietro in der Aufnahme 35A72 vom 31. Juli "das erhabene Abbild eines menschen-ähnlichen Antlitzes". Er errechnete für diese allergrößte künstlich geschaffene Skulptur" eine beachtliche Länge von 1500 Metern.

Trotz Hohn und Spott von Presse und Fachwelt war er nach genaueren Analysen sicher, daß es sich hier um eine symmetrische, absichtlich erschaffene Monumentalstruktur handelt. Weitere Fotos zeigen andere Perspektiven mit anderem Sonnenstand. Und nur 15 km vom Marsgesicht entfernt entdeckte man eine eingefallene Stadt riesiger Pyramiden.

Mit neueren, schärferen NASA-Fotos aus neuem Blickwinkel versuchte man die Gesichts-These zu zerstreuen. Es sind allerdings trotz zigtausend Jahre langer Erosion immer noch Merkmale eines Kopfes auszumachen. Welche ehemals marsianische Zivilisation hat hier ihre Spuren hinterlassen?

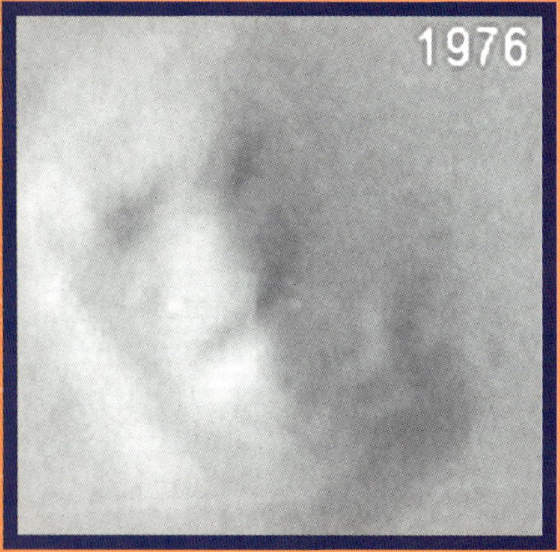

Viking Orbiter-Foto

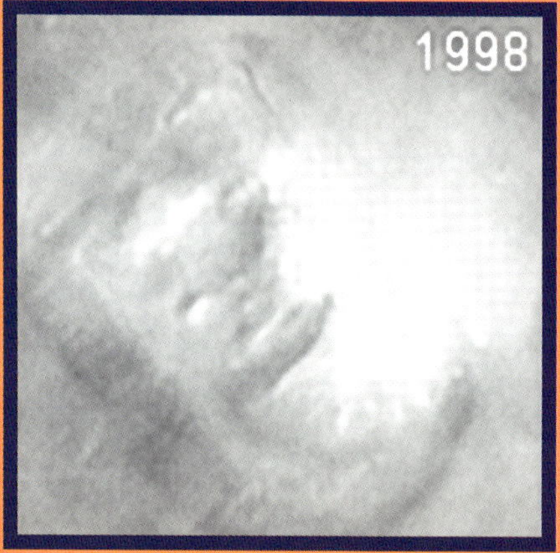

Global Surveyor-Foto

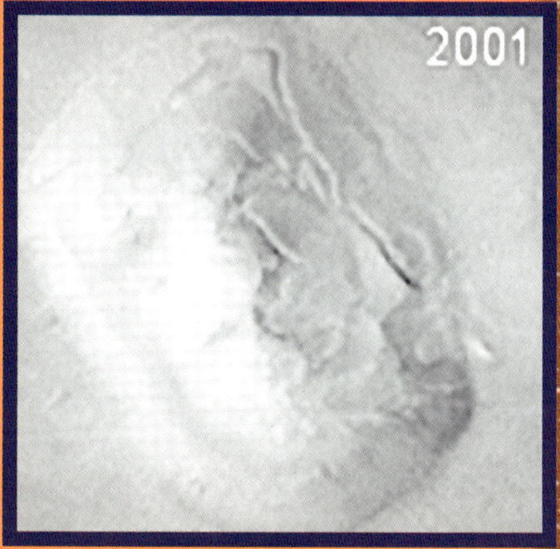

Global Surveyor-Foto

Überlappung von Fels- und Korn-Antlitz mit dem gleichen harmonischen Gesichtsgitter

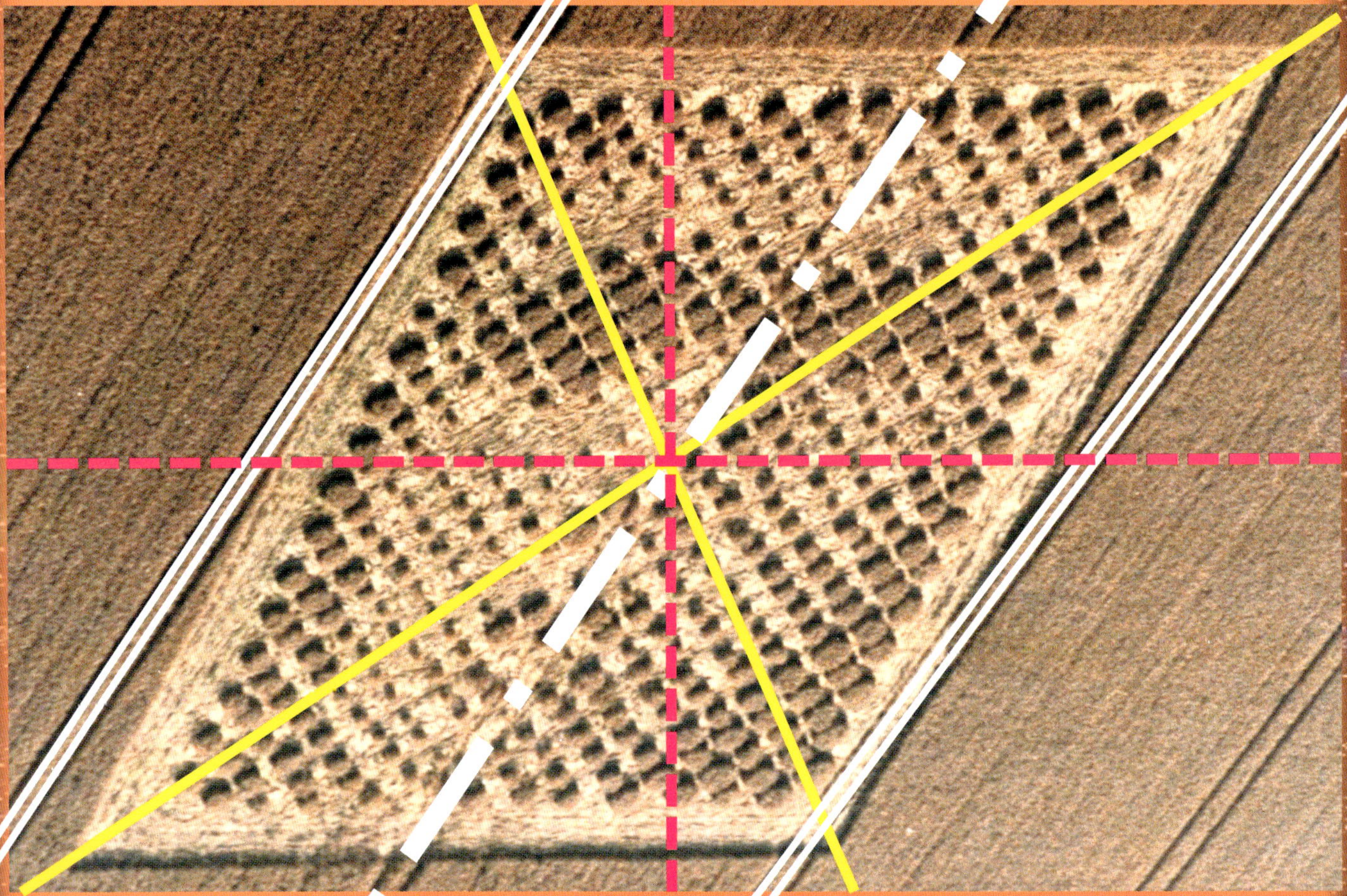

Zufall oder Hinweis? Eine Traktorspur zieht (mit 81° Schräglage) exakt durch die Mitte des Alien-Portraits.

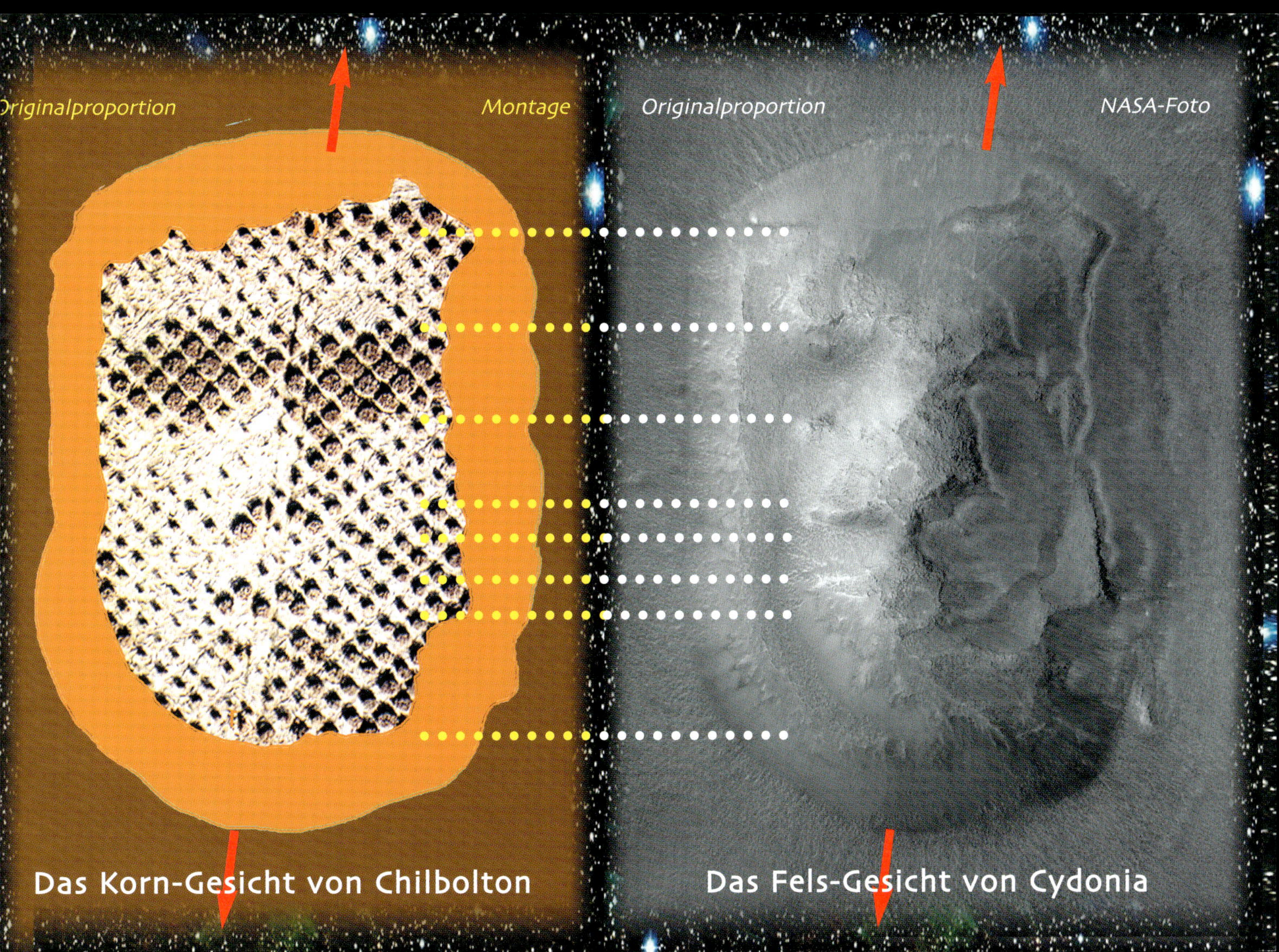
Originalproportion
Montage
Originalproportion
NASA-Foto
Das Korn-Gesicht von Chilbolton
Das Fels-Gesicht von Cydonia

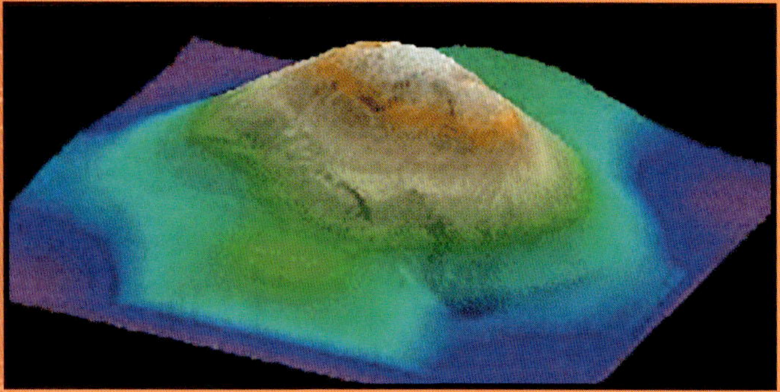

Mittels Computersimulation wurde die (hier überhöht dargestellte) Formation dreidimensional errechnet.

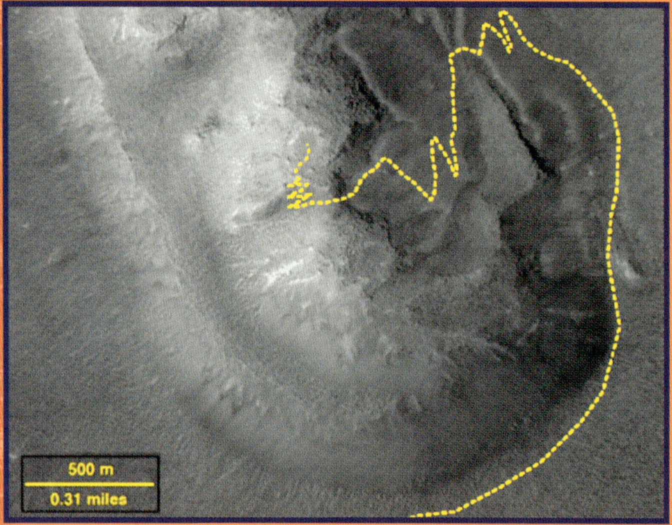

Ein ebenfalls bereits errechneter optimaler Wanderweg führt auf die Nase des 300 m hohen steinernen Gesichts.

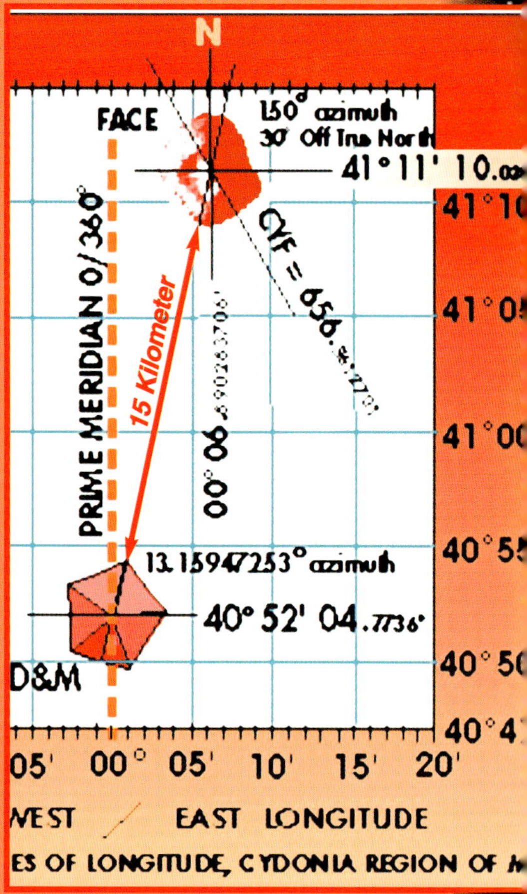

Koordinaten von Mars-Face und ›City‹-Pyramide

Die Erinnerung an das Marsgesicht kommt vielen Betrachtern bei der Ansicht des (möglicherweise androgynen) Chilbolton-Kopfes beinahe automatisch. Wenn man noch die Übereinstimmung der Proportionen und die seltsam gezielt eingearbeitete Traktorspur als Hinweis auf den marsianischen Schattenwurf am Felskopf hinzunimmt, wird es noch eindeutiger: Hier besteht wohl ein Zusammenhang!

Wenn man sich zudem die nahegelegene tetraedrisch angelegte Pyramidenstadt näher ansieht, bemerkt man noch einige weitere möglicherweise im Konnex mit Chilbolton stehende Merkwürdigkeiten: So ist zB abgesehen von der Anordnung der einzelnen (verfallenen) Bauwerke nach der Heiligen Geometrie im Zentrum der ›City‹ eine Formation aus vier im Quadrat angeordneten Felsen auszumachen. Von deren Zentrum aus gesehen liegt das Marsgesicht exakt in Richtung marsianischer Sommer-Sonnenwende vor 500.000 Jahren!!!

Übrigens wurden inzwischen eine ganze Reihe anomaler Marsstrukturen entdeckt.

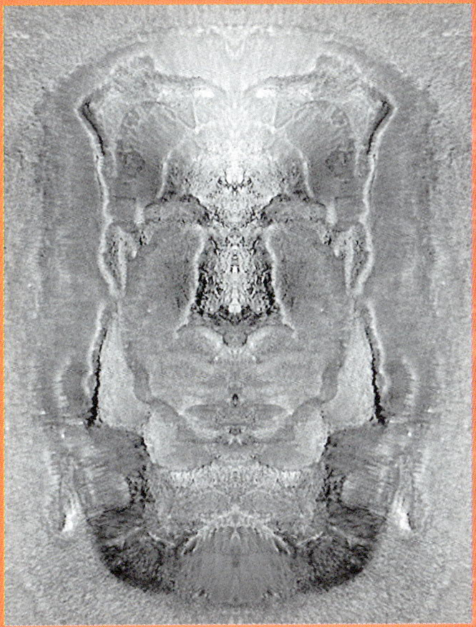

Spiegelungen der erodierten linken und rechten Marsgesichthälften

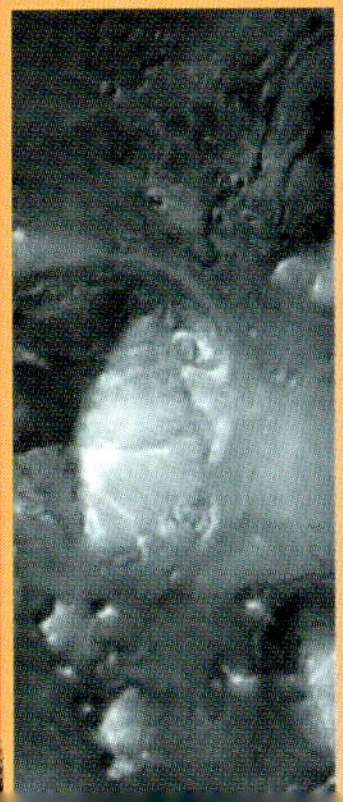

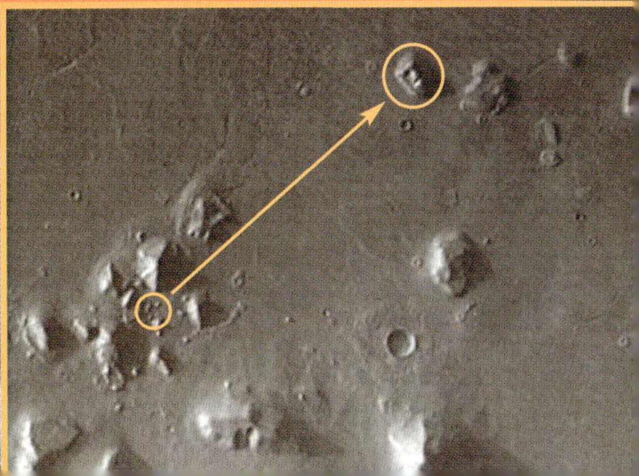

19. August 2001: Antwort-Phase III-2:

Ein mehr als denkwürdiges Datum: Bereits der Beginn des Neuen Millenniums beschert uns einen Hauch von Erfüllung unserer galaktischen Sehnsucht.

2 0 0 1 — K

Die Antwort auf die Frage aller Fragen ist uns gegeben: Wir sind nicht (mehr) allein im Universum!

DIE KOSMISCHE KORRESPONDENZ

Eine uns offenbar evolutionär vorausgeeilte Zivilisation will uns freundlich die Hand reichen.

O N T A K T

Kann es einen sanfteren ersten Schritt geben, als uns eine Botschaft in die Natur zu zeichnen? Es liegt nun an uns, diese einmalige Chance zu ergreifen!

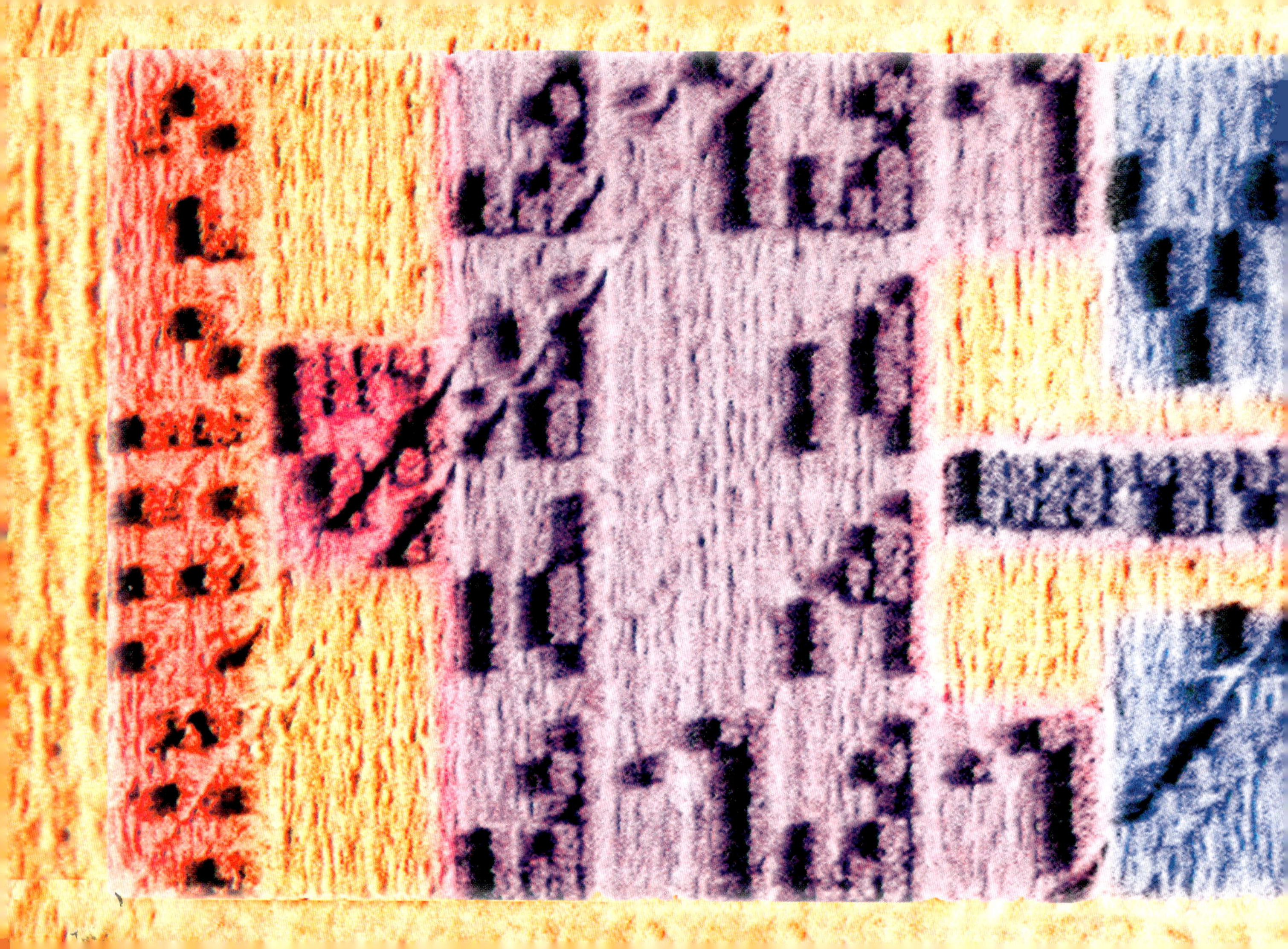

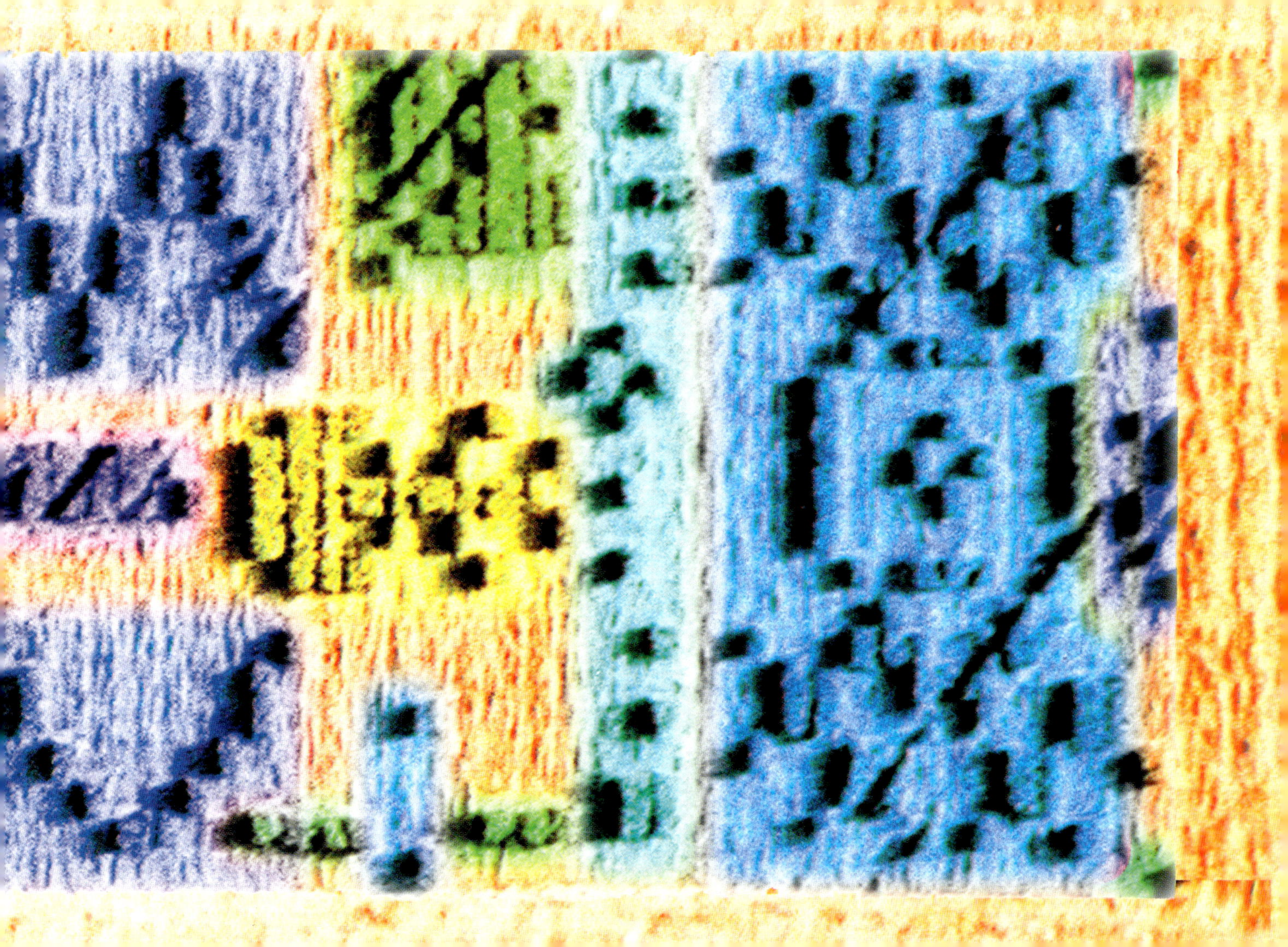

In der exakten Vogelperspektive dieser digital entzerrten Luftaufnahme ist eine interessante Krümmung der "Kornpapyrusrolle" zu entdecken!

Die Feedback-Details:

Erst ein genauerer Blick auf den Botschafts-Dialog bringt es an den Tag: Hier gibt es teils nur subtile und einige sehr markante Unterschiede zur irdischen Anfrage im All:

Von einer zusätzlichen Atomordnungszahl unter den biologischen Aufbauelementen - die somit auch eine geänderte DNA-Struktur mit sich bringt - bis hin zur grösseren Nukleotidenzahl der dreifach verwundenen Alien-DNS zeigen sich schon in der oberen Hälfte gravierende Änderungen.

Besonders sticht einem zuerst allerdings ihr ziemlich anderes Aussehen ins Auge. Und die Pixel daneben erzählen uns, dass die ETs zwar mindestens doppelt soviele wie wir auf Erden, dafür aber nur halb so gross sind. Deren Aufenthaltsort ist fürs erste etwas seltsam definiert. Wo das auch immer ist (es gibt hier Interpretationsspielraum), dort steht jedenfalls ihre gewaltig dimensionierte Kornzeichen-Beam-Apparatur.

Zehn grundlegende Unterschiede

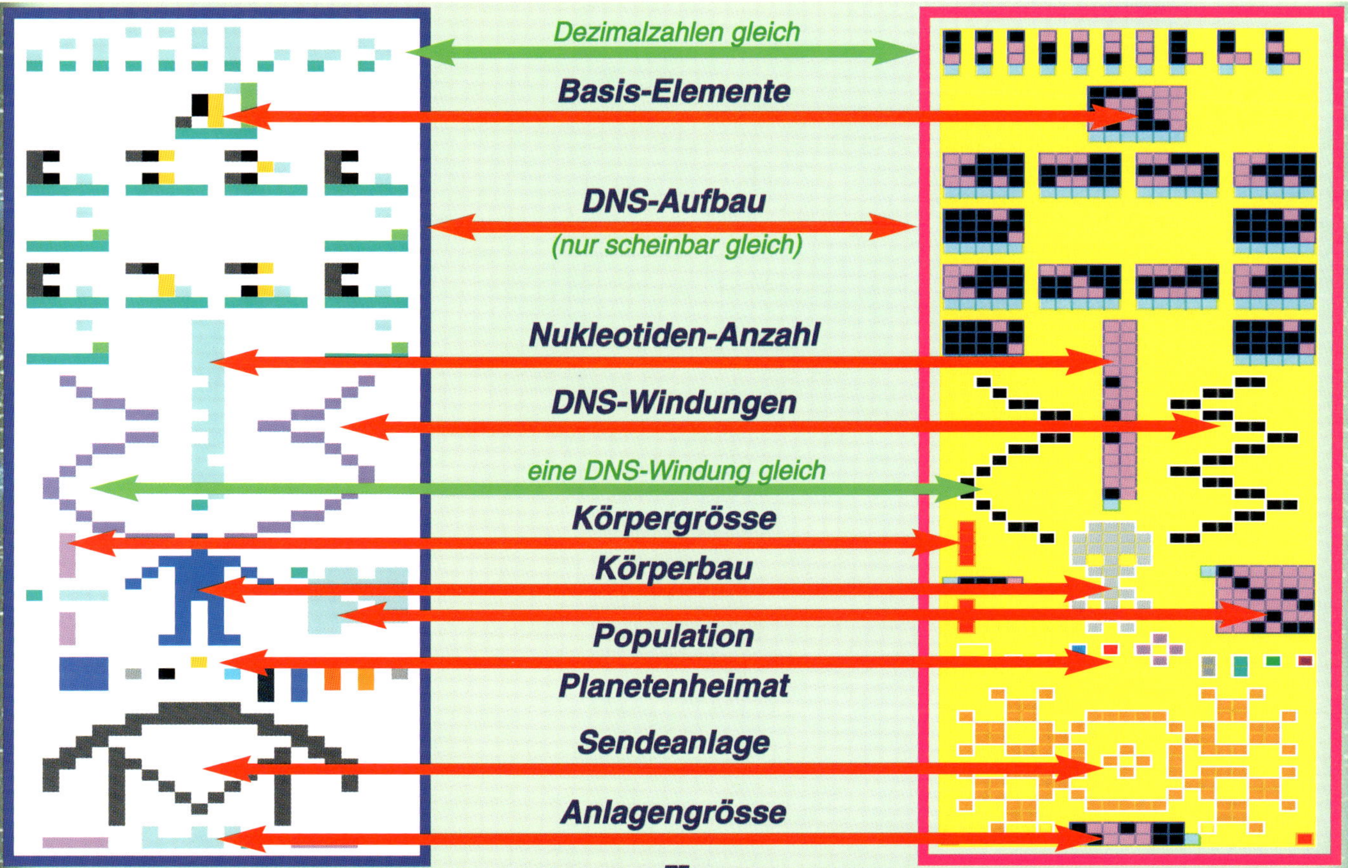

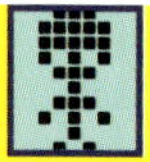

ET-Unterschied Nr. 1: sechs

Dezimalzahlen 1-10

Hier gab es keine Veränderung zwischen unserer Sendung und der Alien-Antwort, die Dezimalrechnung ist somit als ihnen zumindest bekannt oder geläufig anzunehmen.

In der zweiten Mitteilungsreihe gibt es den ersten hochinteressanten und inhaltlich schon ziemlich massiven Unterschied: Während wir Menschen in unserer Botschaft nur 5 wesentlich lebensbestimmende Elemente als auf Erden relevant angeben, erwähnt ET als besonders wichtiges 6. Element SILIZIUM! Es ist allerdings nicht so, dass sie damit sagen wollen, sie führten ein auf Silikon basierendes Leben (wie manch irdische Beauties), sondern dass ihr Leben ebenso wie unseres aufgebaut ist, aber zusätzlich mit dem Element Silizium verknüpft.

Neueste Erdenforschung sagt übrigens, dass auch wir Terraner in unserer biologischen Struktur nicht ganz ohne Silizium auskommen. Das könnte auf die ET-Botschaft bezogen auch bedeuten, dass uns die Aliens nur korrigieren wollten. Die im Kornfeld darunter liegenden Übermittlungsreihen sprechen allerdings wieder gegen diese Hypothese.

Angenommen das Element SILIZIUM ist überlebenswichtig für unsere kosmischen Freunde und ihr Körperchemismus ansonsten gleich dem unseren, dann muss dies mit ihrer evolutionären Weiterentwicklung zu tun haben.

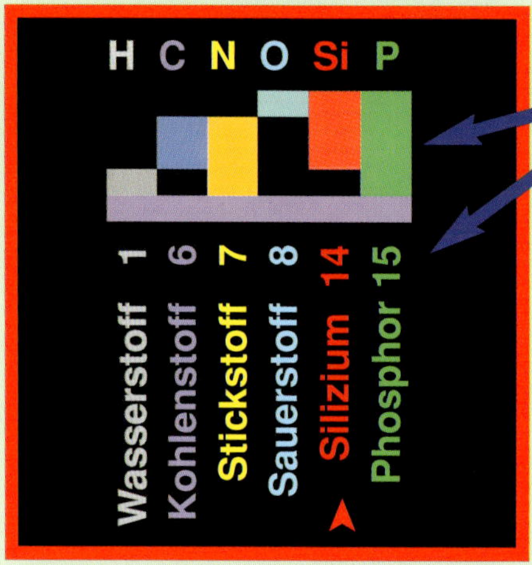

000111
011011
011011
101001

Atom-Ordnungszahlen für <u>sechs</u> statt fünf biologische Schlüsselelemente

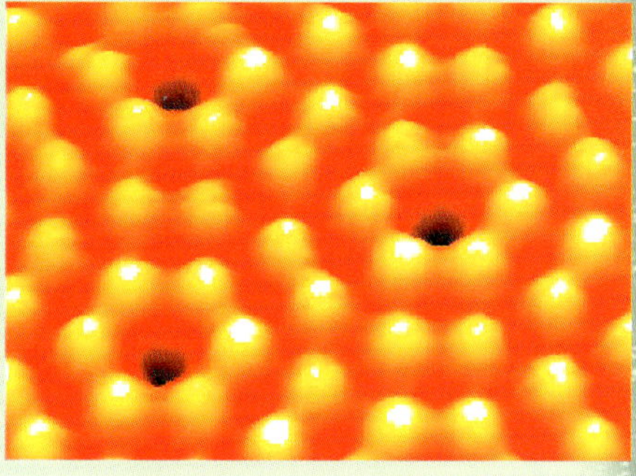

Siliziumoberfläche im Rastertunnelmikroskop

Basis-Elemente

Wenn wir uns die gegenwärtige biotechnologische Entwicklung auf unserem Planeten ansehen - die ersten vagen Schritte zur Interaktion zwischen lebenden Zellen und elektronischen Schaltkreisen haben auch wir bereits gesetzt - können wir ein klein wenig erahnen, wie weit ET bereits in der Symbiose von Hitec und Bionic fortgeschritten ist.

Hier sind Gedankengänge über in das Körper-Geist-Kontinuum integrierte siliziumbasierte Bio-Computer durchaus nicht allzuweit hergeholt. Während wir uns periodisch externen medizinischen Kontrollen unterwerfen, könnte diese Spezies zB diese lästige Angelegenheit etwa längst mittels innerem Error-Detektor und angeschlossenem selbsttätigem Reparaturprogramm - wie wir dies schon aus der Computerwelt kennen - gelöst haben.

Was für uns noch Science Fiction ist, scheint ET mittels Silizium-Integration längst realisiert zu haben.

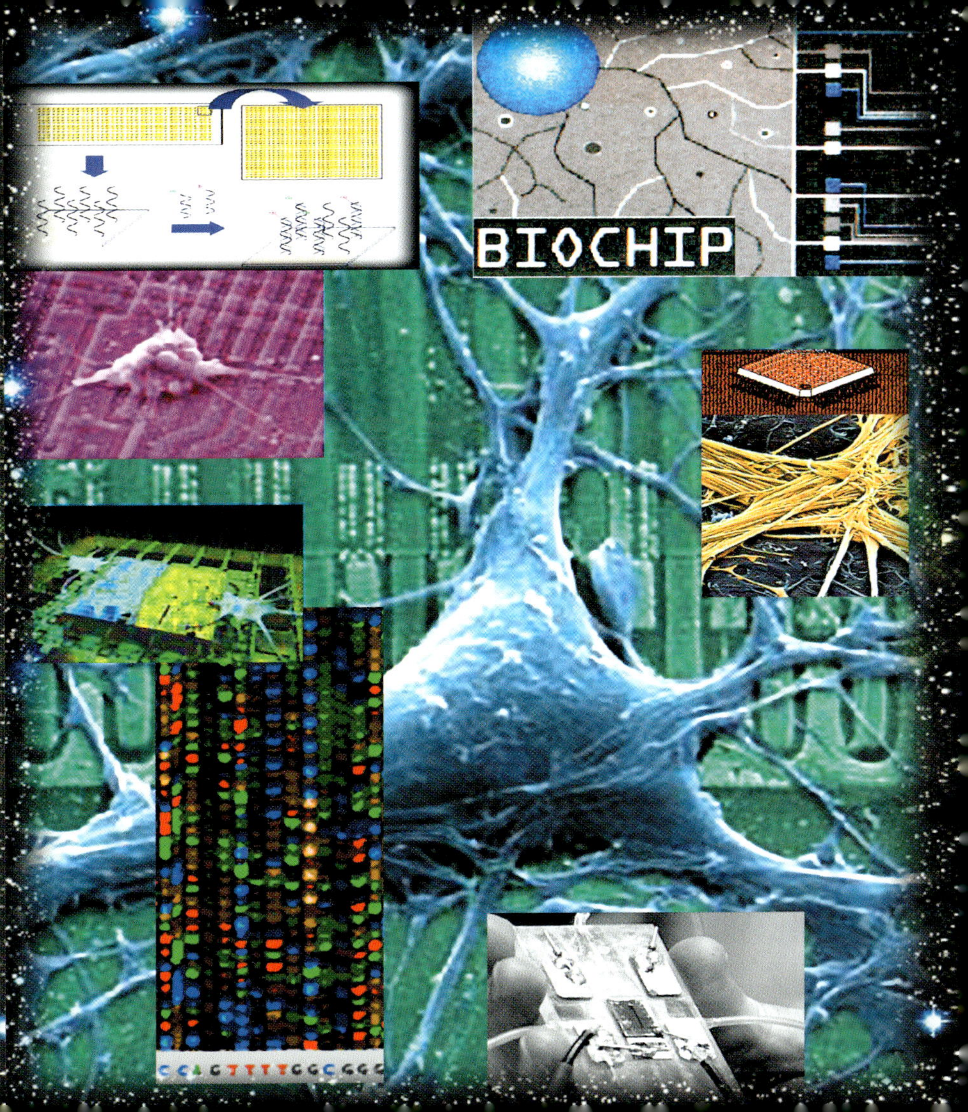

ET-Unterschied Nr. 2: anderer DNS-Aufbau

Ausgehend von der zusätzlichen Silizium-Lebensbasis sieht auch ihre im Korn-Fax mitgeteilte ET-DNS-Struktur einigermassen anders aus - obwohl die Pixel-Matrix optisch keinen Unterschied erkennen lässt. Jedoch ergibt sich durch den geänderten Entschlüsselungs-Code gemäss Unterschied Nr. 1 eine verblüffend neue Gen-Struktur.

Da die Dekodierung durch die Reihenfolge der chemischen Basis-Elemente bestimmt wird, bedeutet dies, dass bei der ET-Genstruktur in der 5. Position Phosphor von Silizium verdrängt wird:

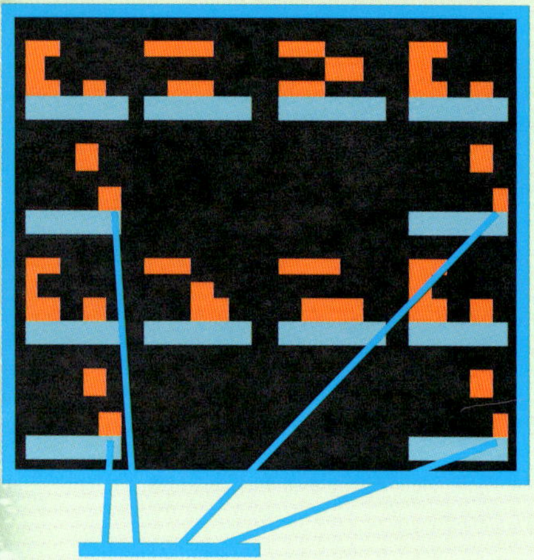

Statt Phosphor PO4 wird in der Alien-DNS wegen Code-Änderung eindeutig je ein Silizium-Sauerstoff 4-Tetraeder angezeigt.

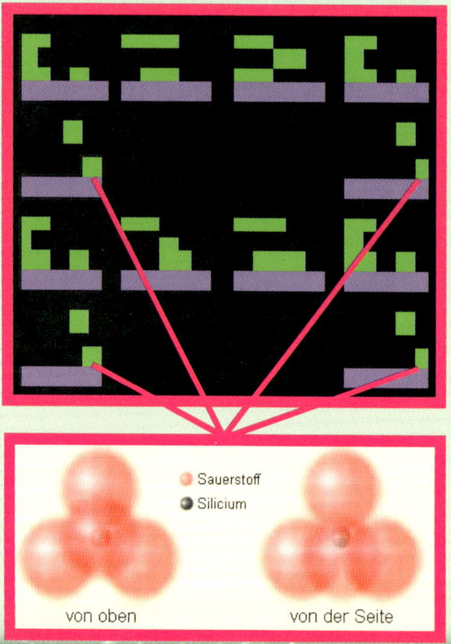

Desoxyribose
H7 C5 O

ADENIN
H4 C5 N5

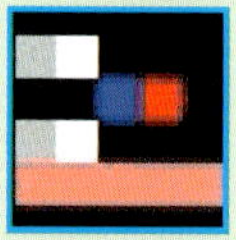

THYMIN
H5 C5 N2 O2

Silizium-Sauerstoff
O4 Si

CYTOSIN
H4 C4 N3 O

GUANIN
H4 C5 N5 O

Binäre Aminosäuren-Darstellung

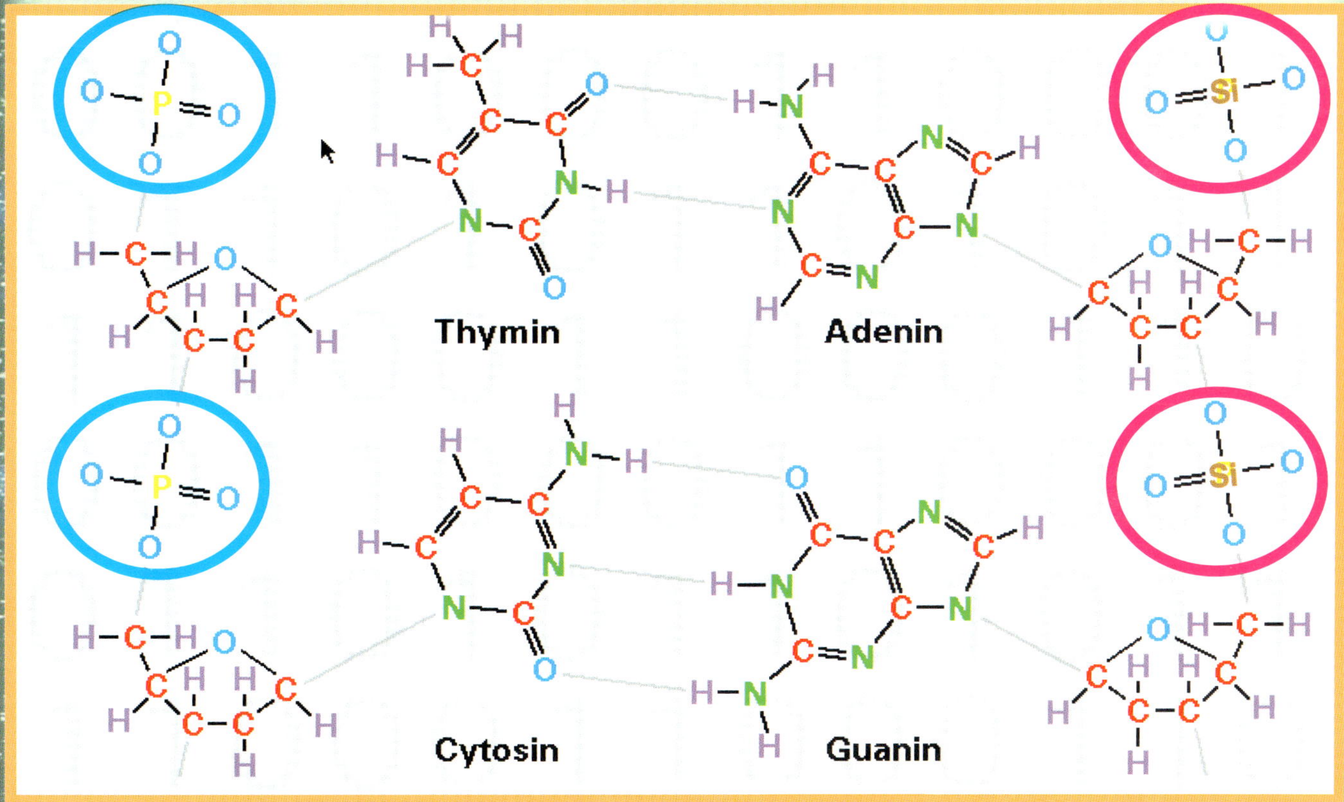

Alle Phosphorsäure-Moleküle PO4 sind in der ET-DNS durch Silizium-Sauerstoff-Moleküle SiO4 ersetzt!

ET-Unterschied Nr. 3: die Nukleotiden-Anzahl

Wie nach Kenntnis der Gesamtbotschaft ersichtlich bzw wahrscheinlich, sind uns diese ETs in der Evolution einige Schritte voraus - zumindest wenn man die Fähigkeit zur genetischen Manipulation als Fortschritt betrachtet. Auch wenn man die nur diffizile inhaltliche Modulation unserer Arecibo-Botschaft im Detail betrachtet, kann man ableiten, dass ihre geistige Kapazität von hohem Niveau ist.

Die Formel für die ET-Molekularstruktur ist, wie wir sahen, beinahe mit der menschlichen identisch. Aus den Alien-Angaben lässt sich zudem immanent ableiten, dass sie auch eine offenbar höchst exakte Kenntnis unseres terranischen DNS-Aufbaus besitzen - jedenfalls eine genauere als die Wissenschafter des irdischen ›Human Genome Project‹.

Während Carl Sagan 1974 die Anzahl unserer Nukleotide - also der Basenpaare eines einzelnen DNS-Stranges - auf

Dieses eine Pixel macht es aus.

etwa 4 Milliarden schätzte (er musste eine konkrete binärcodierte 32-Bit-Zahl angeben, also setzte er die angenäherten 4.294.441.822 ein), sagt uns das Weizen-Fax der Aliens, dass **jede ET-DNS-Spirale aus exakt 4.294.966.110 Sequenzen** besteht. Das sind um eine halbe Million mehr als wir damals dachten zu haben. Das Human Genome Project geht momentan von "nur" 3,5 Milliarden Homo-Sapiens-Nukleotiden aus!

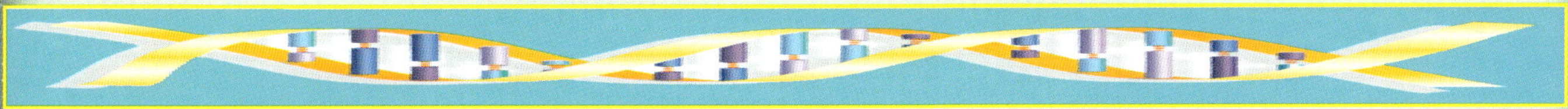

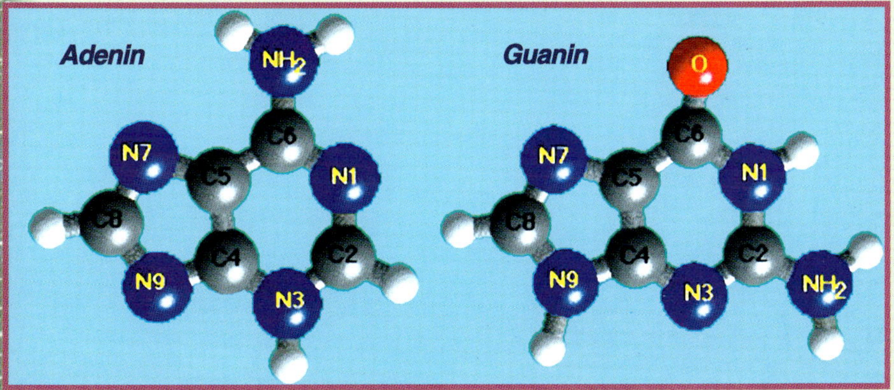

Guanin in atomarer Vergrösserung

In die binäre Nukleotidenanzahl unserer Mail an die ETs (wie auch in die von uns angegebene Zahl für die Erdpopulation) wurden absichtlich ein paar unwesentliche fehlerhafte Nullen in den unteren Rängen eingebaut, um für die Alien-Dekodierer klarzustellen, dass es sich hier nicht um grafische, sondern um mathematische Angaben handelt.

Der von den Aliens im Datenpaket 2 und 3 übermittelte DNS-Abschnitt aus den einzelnen Aminosäuren reicht ebenso wie unsere Info an die ETs aus, sich ein Gesamtbild vom DNS-Strang zu machen. Denn die Wiederholung der Moleküle lässt zusammen mit der Nukleotidenanzahl auf die komplette Strickleiter schliessen. Zudem würde eine Analyse der chemischen Strukturen ergeben, dass sich jeweils nur die Basen Adenin & Thymin sowie die Basen Cytosin & Guanin miteinander verbinden können.

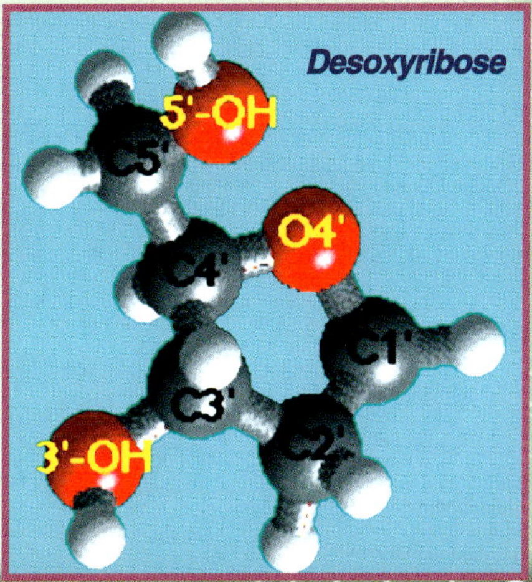

ET-Unterschied Nr. 4: mehr DNS-Windungen

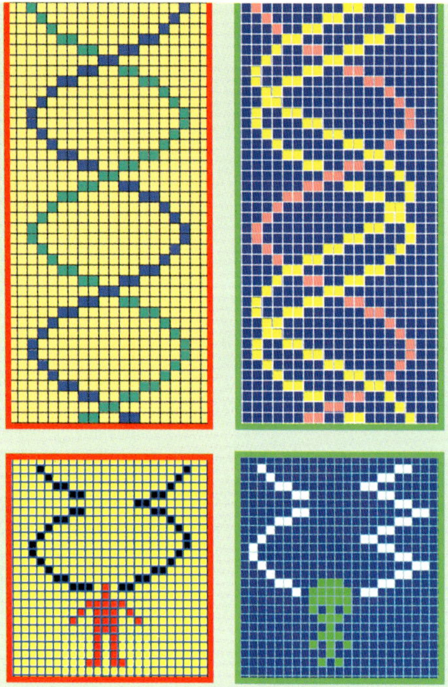

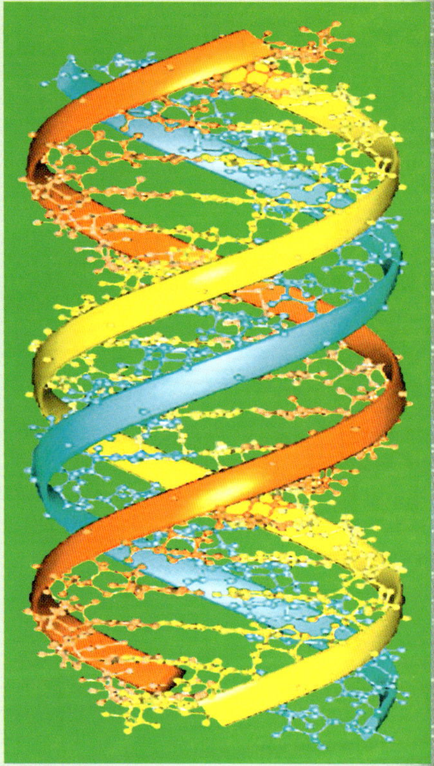

Die evolutionäre Diskrepanz zwischen irdischer Doppel-Helix und ausserirdischer Triple-Helix

Eine der erstaunlichsten ET-Mitteilungen für uns Terraner ist sicherlich das Faktum einer dreifachen DNS unter Integration von Silizium. Obgleich karge irdische Optimierungsversuche in dieser Richtung laufen, ist uns so etwas noch nicht einmal ansatzweise gelungen, weil einfach das Knowhow dazu fehlt.

Aus der Alien-Botschaft gewinnt man den Eindruck, dass unsere kosmischen Freunde nicht abgeneigt sind, uns auf die Sprünge zu helfen - warum sonst sollten sie uns Derartiges übermitteln? Mit einer biologisch-mineralisch-molekularen Ausstattung dieser Qualität wären wir wahrscheinlich fähig, vielerlei innere wie äussere Probleme mit links zu lösen...

Es deuteten übrigens auch schon einige frühere Getreide-Imprints auf eine Dreifach-Helix hin.

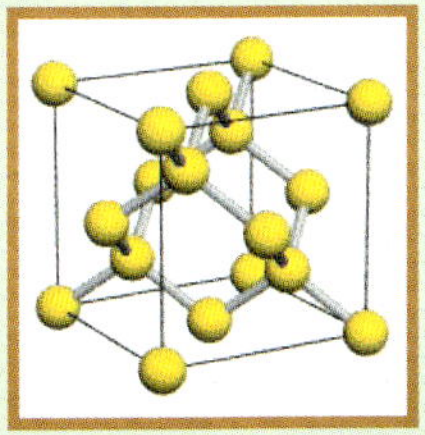

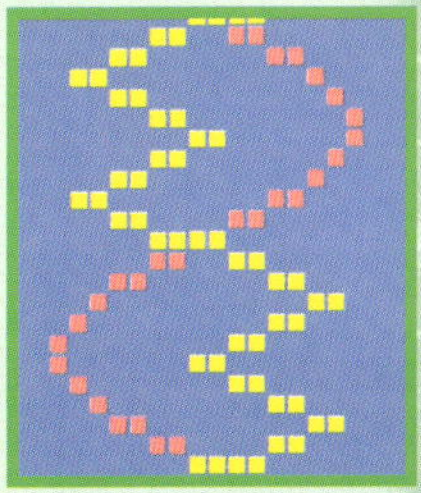

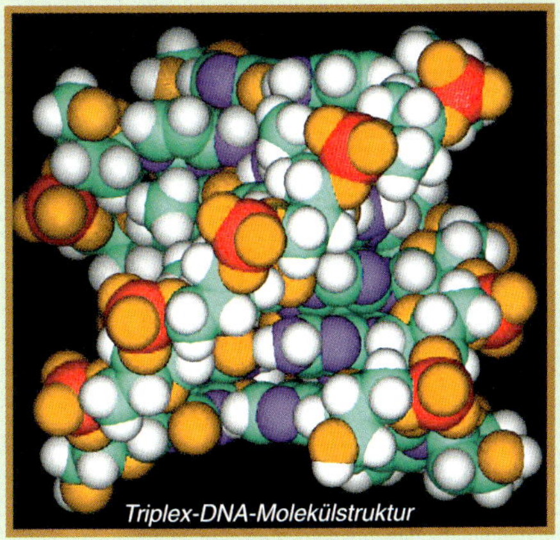
Triplex-DNA-Molekülstruktur

***SILIZIUM* ist ein Tausendsassa und Alleskönner der Elemente. *Si* ist das Basismaterial für alle mit Licht rechnende moderne Elektronik und steckt in kristalliner Form in jedem Computerchip - denn Licht wird in *Silizium* frei manipulierbar. *Si* ist somit zB als Vermittler zwischen Licht und Elektronik in der Lage, ungleiche Partner zu verkuppeln.**

Auch diese beiden Varianten

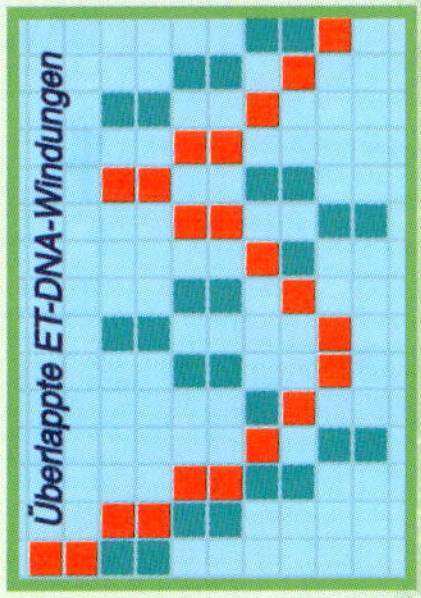

von Triple-DNS sind denkbar.

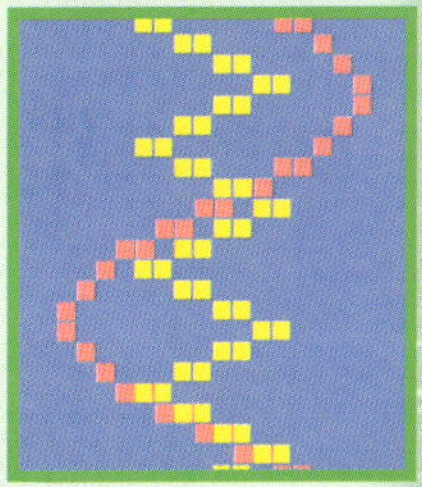

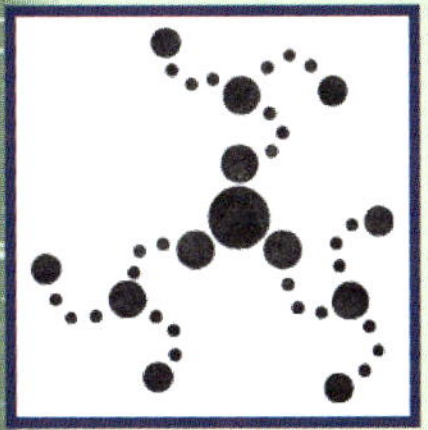

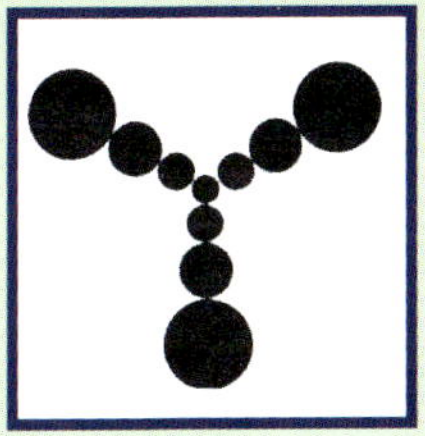

ET-Unterschied Nr. 5/6: Körperbau/Körpergrösse

An dieser Stelle findet sich die erste Abmessung in der Sende- & Antwortbotschaft. Als Masseinheit kommt einzig die Wellenlänge, in der wir unsere Arecibo-Anfrage absandten, in Frage, nämlich exakt 12,6 cm: Das ergibt als menschliches Durchschnittsmass 176,4 cm und beim comicartigen Alien-Strichmännchen die mitgeteilte Binärzahl 8 mal 12,6 = 100,8 cm! Sie reichen uns gerade bis zum Nabel. An ihren IQ allerdings - angedeutet durch ihr grösseres Gehirnvolumen - dürften wir jedoch womöglich nicht heranreichen.

Das ET-Körperlogo deutet wohl auch grössere Augen an, wie schon in einem Kornkreis aus 1999. Gewichtsmässig kann man nur schätzen, vielleicht um die 25 kg, die noch dazu in Relation mit den Schwerkraftverhältnissen am Wohnplaneten gesehen werden müssen.

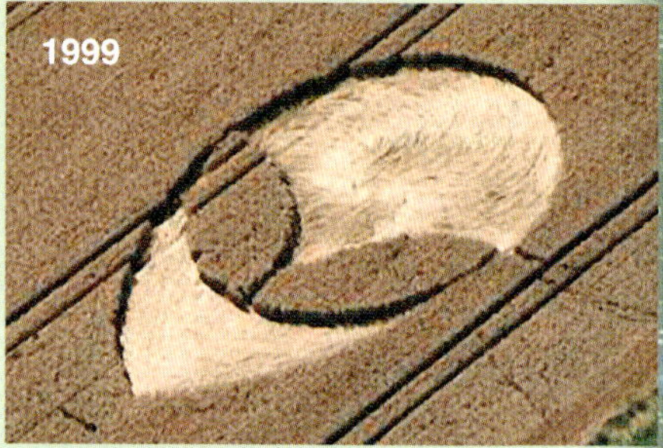

Proportionales Grössenverhältnis

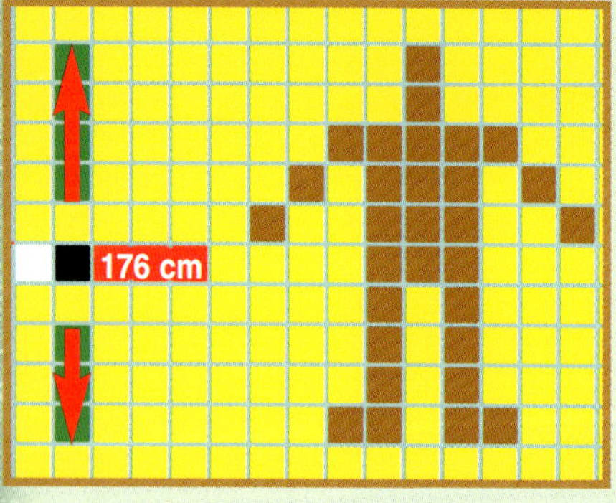

Die kleinen grünen Männchen sind zwar klein, aber nicht unbedingt grün

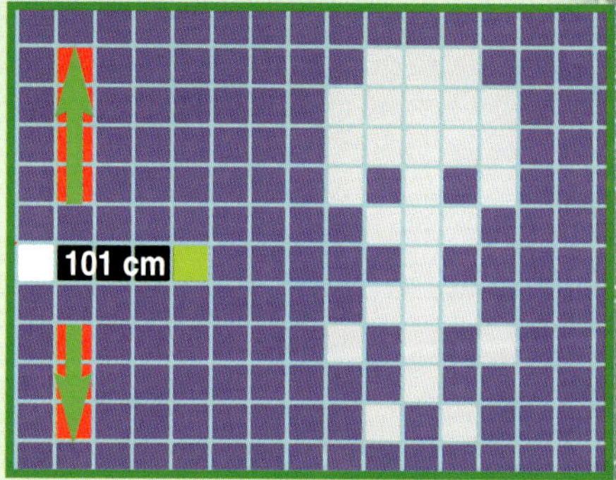

Ausbreitungsgeschwindigkeit 29 979 245 800 cm pro sec geteilt durch Frequenz 2 380 000 000 pro sec ist gleich 12,556 cm

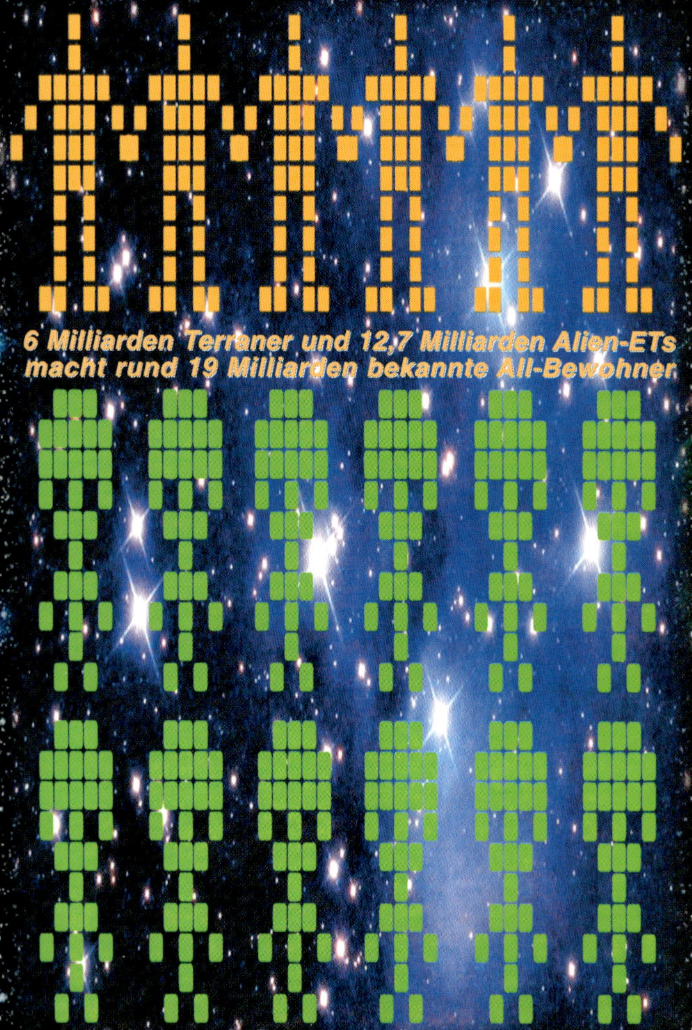
6 Milliarden Terraner und 12,7 Milliarden Alien-ETs
macht rund 19 Milliarden bekannte All-Bewohner

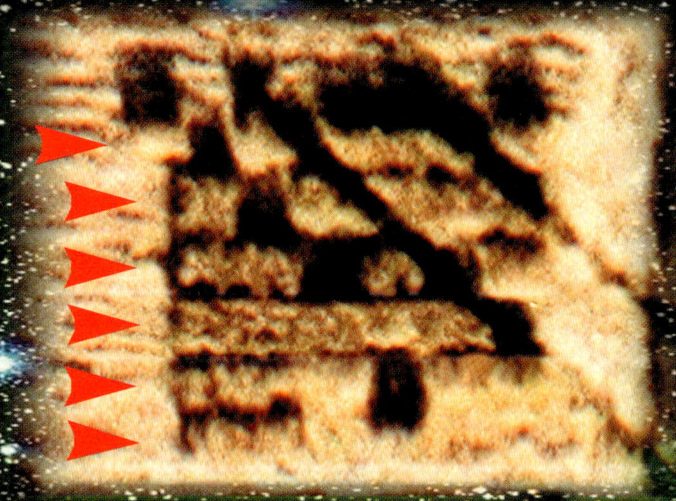

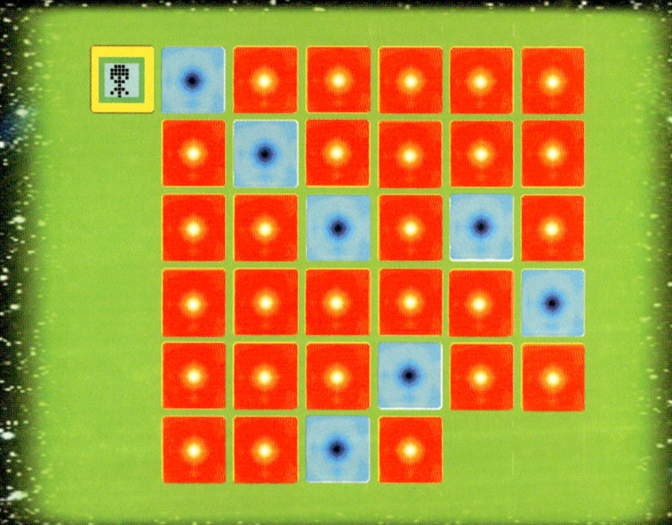

ET-Unterschied Nr. 7: die Populationsanzahl

Der ultrastarken Vergrösserung der Luftaufnahme links kann man entnehmen, dass es nicht ganz einfach ist, die Übermittlung der ET-Populationsgrösse zu enträtseln. Von Traktorspuren beeinträchtigt, vom Wind zerzaust und durch den Schattenwurf zusätzlich verzerrt, nimmt es nicht Wunder, dass eine Reihe falscher Zahlen die Runde machen. Auch die fehlerfreie Umrechnung der 34-Bit langen Binärzahl bedarf einiger Konzentration, weshalb hier die Beweisführung wiedergegeben ist. Die einzelnen Positionen

Im Vergleich dazu gaben wir vor 27 Jahren die irdische Population mit 4 Milliarden 292.853.750 an (heute rund 6 Milliarden).

X 011111
101111
110101
111110
111011
1101

8.589.934.592+0+2.147.483.648+1.073.741.824+536.870.912+268.435.456+0+67.108.864+33.554.432+16.777.216+0+4.194.304 +2.097.152+1.048.576+524.288+262.144+131.072+0+32.768+0+8.192+4.096+2.048+1.024+512+256+0+64+32+16+8+4+2+0=

ergeben die Zahl: **12 Milliarden 742.213.502 Aliens**

=1011110111011111101011111101111110X=

1x2hoch33+0x2hoch32+1x2hoch31+1x2hoch30+1x2hoch29+1x2hoch28+0x2hoch27+1x2hoch26+1x2hoch25+1x2hoch24+0x2hoch23+1x2hoch22+1x2hoch21+1x2hoch20+1x2hoch19+1x2hoch18+1x2hoch17+0x2hoch16+1x2hoch15+0x2hoch14+1x2hoch13+1x2hoch12+1x2hoch11+1x2hoch10+1x2hoch9+1x2hoch8+0x2hoch7+1x2hoch6+1x2hoch5+1x2hoch4+1x2hoch3+1x2hoch2+1x2hoch1+1x2hoch0=

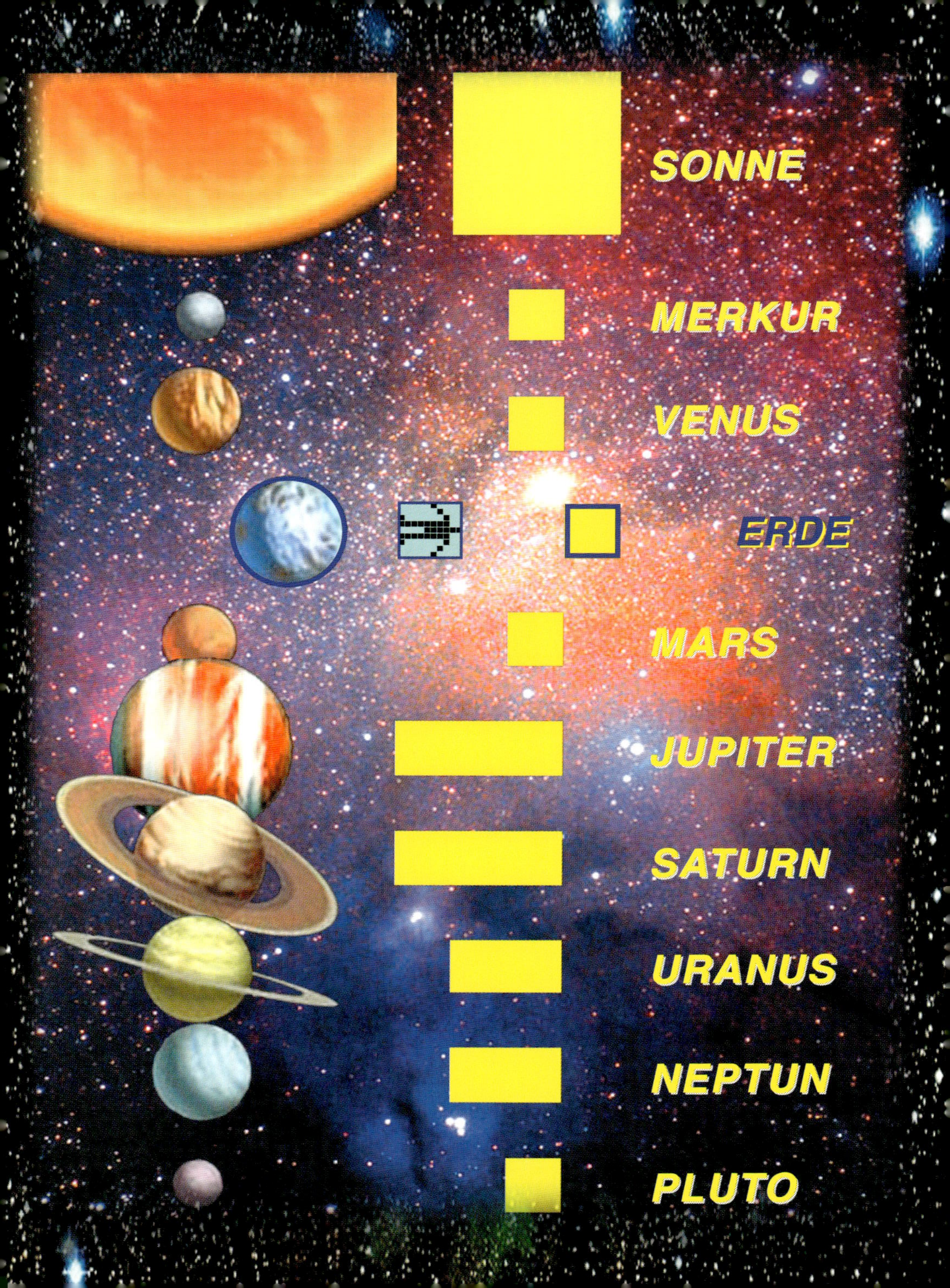
SONNE
MERKUR
VENUS
ERDE
MARS
JUPITER
SATURN
URANUS
NEPTUN
PLUTO

ET-Unterschied Nr. 8: die Planetenheimat

Wo sind diese kommunikativen ETs zu Hause? Ihre Antwort verblüfft: Entgegen unserer eigenen Angabe von nur einem Planeten geben sie uns gleich drei Aufenthaltsorte an. Ihr Sonnensystem hat ebenso viele Planeten wie unseres. Es ist grafisch etwas kleiner ausgeführt, offenbar aber nur aus Platzgründen der übrigen Mitteilungen wegen. Alles deutet darauf hin, dass sie vor Äonen auf Erden, dann auf dem Mars lebten und heute auf den vier grossen von 28 Jupiter-Monden!

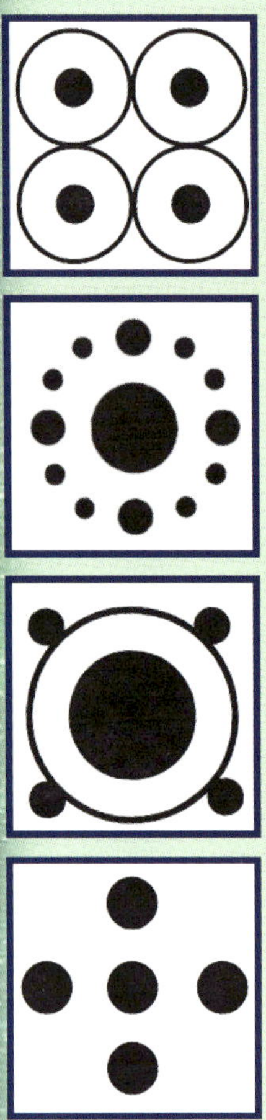

Deuten diese Kornkreise auf Jupiters Monde hin?

Die vier Hauptmonde des Jupiter, benannt nach seinen mythologischen Geliebten

IO

Durchmesser: 3630 km
Umdrehung in 1,77 Tagen
421.600 km vom Jupiter entfernt
vulkanisch, flüssiges Silizium

EUROPA

Durchmesser: 3138 km
Umdrehung in 3,55 Tagen
670.900 km vom Jupiter entfernt
Wasser-Eis über flüss. Ozean

GANYMED:

Durchmesser: 5262 km
Umdrehung in 7,15 Tagen
1.070.000 km vom Jupiter entfernt
magnet. Eisenkern, Silikat, Eis

CALLISTO

Durchmesser: 4800 km
Umdrehung in 16,69 Tagen
1.883.000 km vom Jupiter entfernt
Kohlenstoffdioxyd-Atmosphäre

Es gibt natürlich auch andere Interpretationen der Wohnort-Angabe, jedoch sind sie alle weniger stichhaltig. Dass drei Planetenorte gleichzeitig von diesen ETs bewohnt werden, ist unwahrscheinlich und wäre uns zudem auf Erden auch aufgefallen. Und auf dem Mars scheint heutzutage nicht viel los zu sein - im offensichtlichen Gegensatz zu früher, wenn man die hinterlassenen Artefakte betrachtet.

Das seltsame Quadrate-Kreuz auf der Jupiterposition wird von manchen Analysten auch als Mega-Raumschiff gedeutet - 12,7 Mrd. Fluggäste scheint mir dafür doch zu hoch gegriffen.

Beibt noch die auch etwas unwahrscheinliche Möglichkeit, dass es sich um ein Sonnensystem aus zufällig gleich vielen, gleich grossen und in derselben Reihenfolge aufgefädelten Planeten handelt.

So wie wir in unser Botschaft an die ETs ein Erdenmenschen-Männchen direkt über dem Planeten-Pixel postiert haben - um zu sagen: hier wohnen wir - ist in der ET-Antwort das Alien-Strichmännchen zwar über dem Mars postiert, was aber hier nur die logische Mitte aller drei erhöht dargestellten Wohnorte ist. Für die vier Jupiter-Trabanten spricht zudem das von der NASA diagnostizierte Wasser- und Silizium-Vorkommen.

Jupitermond EUROPA, der sogar von der NASA favorisierte Ort möglichen ausserirdischen Lebens.

So sind die Jupitermonde durch ein gutes Fernrohr zu sehen.

Nahaufnahme der Oberflächenstruktur des Mondes Europa.

Die vier ›Galileischen Monde‹ (von ihm 1610 entdeckt) bieten eine ganze Menge Überraschungen: Während Io noch vulkanisch ziemlich aktiv ist, scheinen die Bedingungen für niederes Leben - so wie unsere Wissenschafter es sich aus menschlicher Perspektive vorstellen - auf den anderen Trabanten eventuell gegeben zu sein.

Doch wer sagt, dass sich Leben unter anderen Umweltbedingungen nicht völlig anders ausprägt, zB viel höheren oder tieferen Temperaturen standhält, ein gänzlich anderes Energieaustauschsystem entwickelt hat oder auf ganz und gar anderen Frequenzen schwingt und so für erdenmenschliche Augen schlicht und einfach unsichtbar ist?

Vielleicht lebt diese Spezies gar nicht an der Oberfläche, sondern im Innern dieser Materiekugeln im Raum? Möglicherweise verdichten sich diese Wesen nur gelegentlich, wie es auch mit UFOs der Fall ist. Jedenfalls weist viel darauf hin, dass die angenommenerweise aus der Jupitergegend sendende Population ein Bewusstseinsniveau erreicht hat, von dem wir uns eine Scheibe abschneiden sollten. Und sollten sie noch weiter entfernt logieren, spricht das doppelt für ihr Niveau.

Wir können von grossem Glück reden, dass sich eine höher entwickelte Kultur überhaupt mit unserer aggressiven, aus den Fugen geratenen Welt einlässt. Es scheint sich wohl um eine Art Rettungsversuch zu handeln.

Bewegungsmuster der vier Jupitermonde im Raum

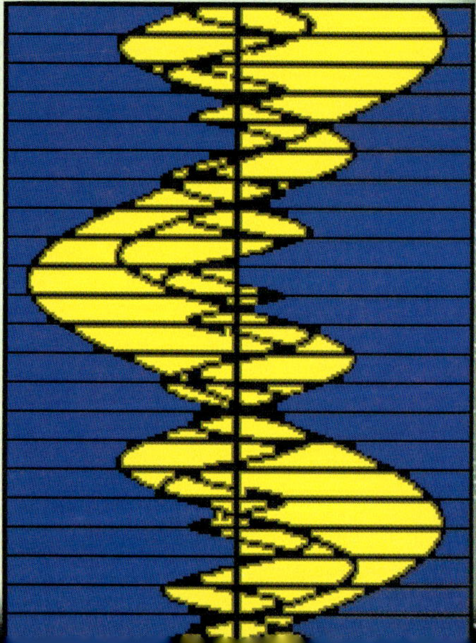

ET-Unterschied Nr. 9/10: Sendeanlage/Sendergrösse

Grösstes Erstaunen hat die Pixelstruktur am unteren Ende der Alien-Antwort ausgelöst. Es ist mehr als offensichtlich, dass es sich hier um eine abstrakte, verkleinerte Darstellung des Schmetterlingsfraktals vom Vorjahr - im selben Feld am selben Ort - handelt. Womit klar ist, dass damit die Sendeanlage bzw -methode der ETs gemeint ist, da sie alternativ den Platz einnimmt, den in der Erdenbotschaft das riesige Arecibo-Teleskop (s.o.) einnimmt. Die kosmische ET-Anlage ist allerdings noch bedeutend grösser.

Diese beiden Pixel wurden von ET zugunsten der mittigen Abmessungspixel absichtlich vergessen.

Einige Forscher meinen, das ›Schmetterlingszeichen‹ deute eher auf zwei Gehirnhälften hin und könne wegen seines mandala-artigen Aufbaus auch als Telepathie-Andeutung ausgelegt werden. Da jedoch dem Instrumentarium eine Massangabe beigefügt ist, nehme ich doch eher eine dichtphysische Struktur an. Ausgehend davon, dass die Anlagenform im Kornzeichen als Aufsicht zu verstehen ist, habe ich die fraktale Struktur in die dritte Dimension erhoben und aus der möglichen seitlichen Ansicht eine 3D-Version kreiert.

Die Betreiber des VLA-(Very Large Array)-Teleskops in der Wüste New Mexicos nutzen in rudimentärer Form bereits die grössere Power von in Reihen und Dreiecksformationen zusammengeschalteten Schüsseln - aber offensichtlich könnten sie von den ETs noch einiges dazu lernen.

Stärke durch Koppelung: rechts 27 Stück 25m-Teleskope in einer Ypsilon-Anordnung von 36 km Ø

Rekonstruktion des ausserirdischen Kornzeichen-Beamers

So ähnlich könnte der ausserirdische Kornzeichen-Beamer aussehen...

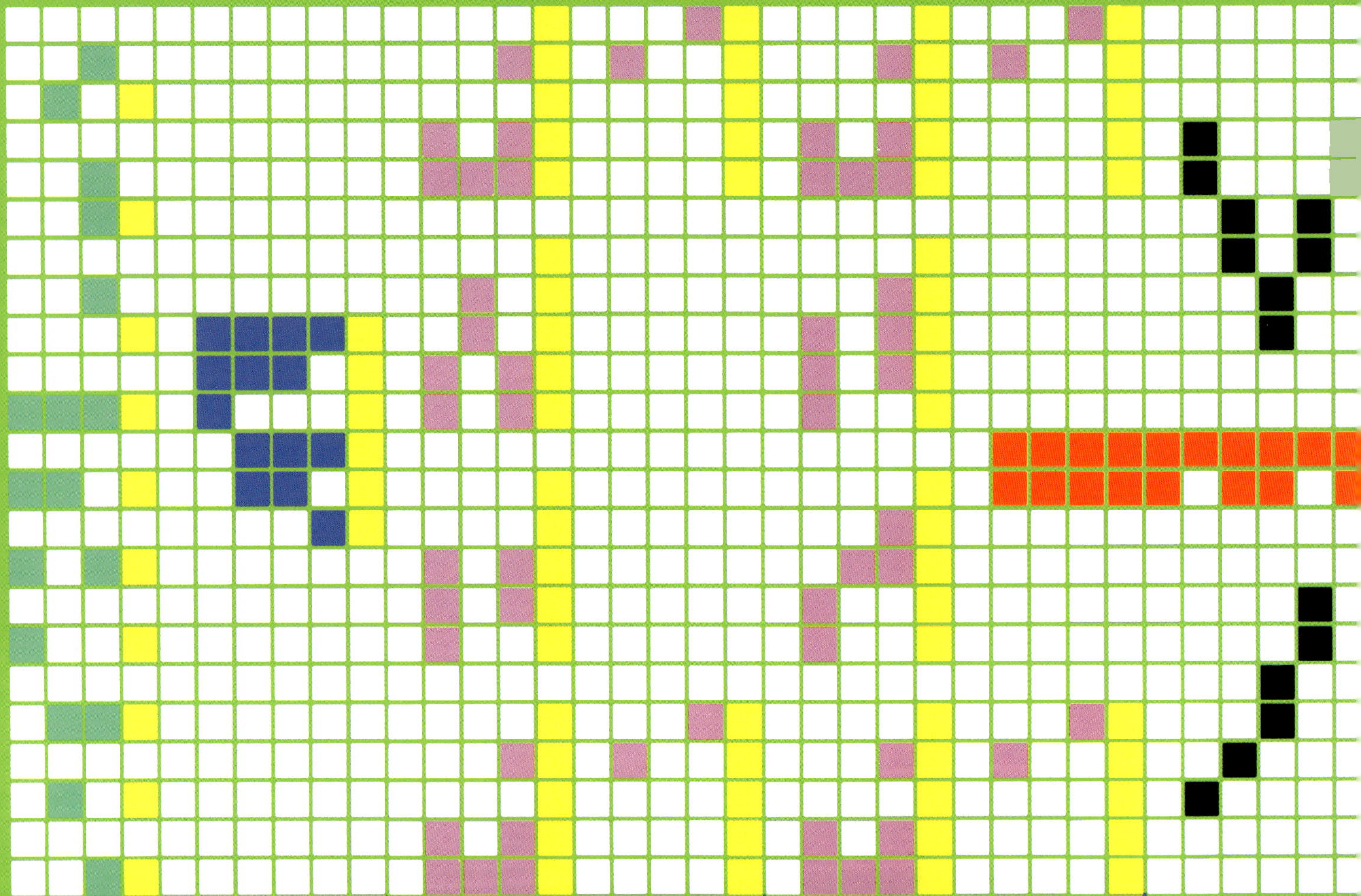

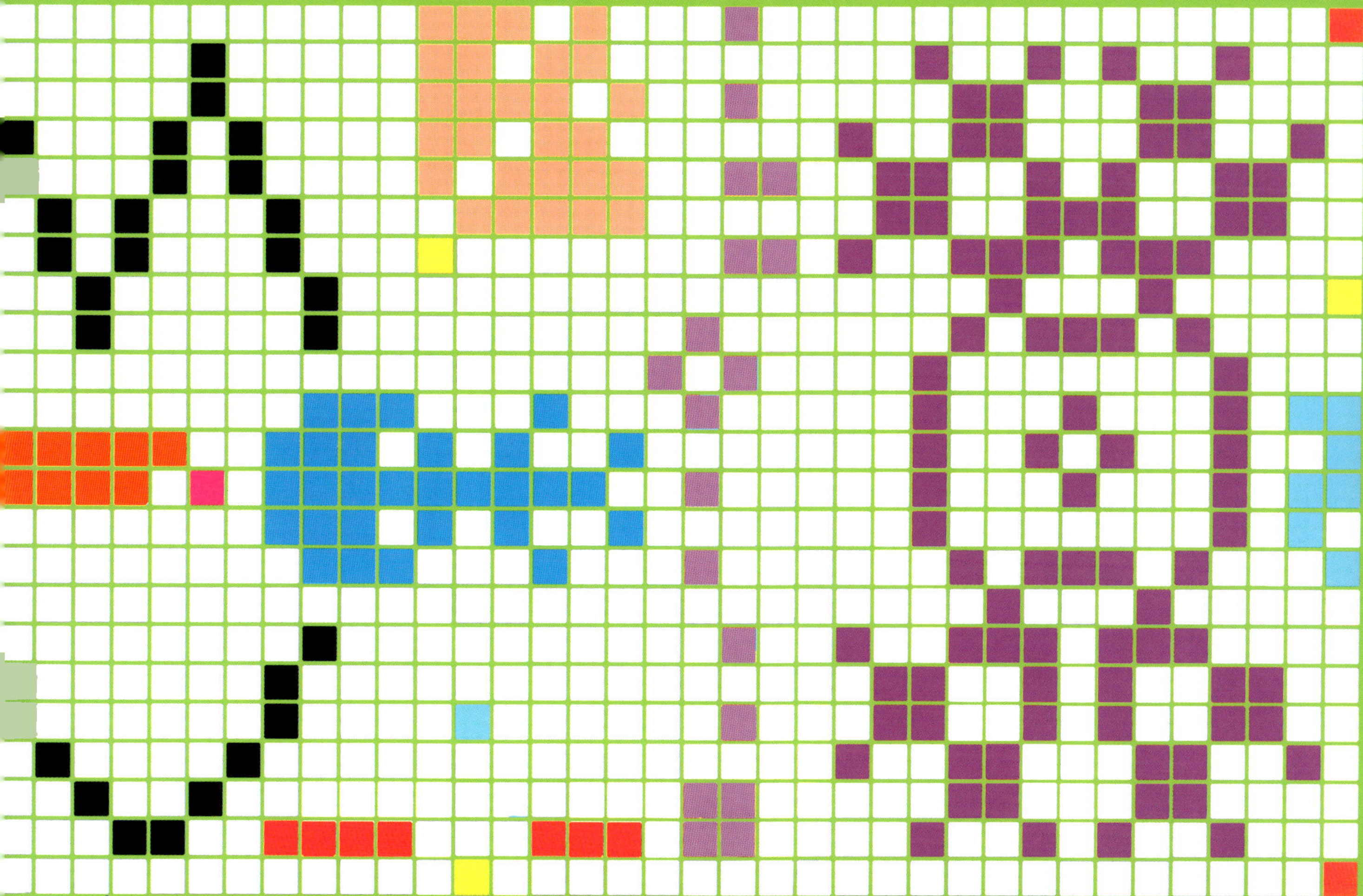

Der Astronom Carl Sagan ist einer der Entwickler der irdischen Binärbotschaft. Unten die nicht verwendete erste Fassung.

Das SETI-Drama

SEARCH FOR EXTRATERRESTRIAL INTELLIGENCE oder SO EIN TEURER IRRSINN

Der Ursprung von SETI reicht zurück bis in die 60er-Jahre. Vielerlei Institutionen, Personen und hunderte Millionen Dollars wurden involviert. Die theoretische Basis war von Beginn an aufgrund primitiver Denkfehler ziemlich hinfällig, denn den Aliens wurde strikt vorgegeben, dass sie sich auf bestimmten Radiowellenlängen zu melden hätten. Dass eine höher entwickelte Intelligenz - unterentwickelte ETs wären ohnehin nicht in der Lage zu kommunizieren - ganz andere, zB telepathische Kontakte (wie vielfach geschehen) vorziehen könnte, kam den Herren gar nicht in den Sinn.

Der stetig steigenden Ausgaben wegen wurde - ähnlich wie es die NASA treibt - ein PR-Gag nach dem anderen produziert, was schliesslich darin gipfelte, zur Wiedereröffnung des technisch auffrisierten Arecibo-Teleskops spielerisch eine (intern nicht ernst gemeinte) Transmission in Richtung eines 25.000 Lichtjahre entfernten Sonnenclusters zu senden. Da kann ja nichts schiefgehen, eine Antwort könnte ohnehin frühestens im Jahre 51974 eintreffen...

Jetzt haben sie den Salat und die Peinlichkeit. Die Chilbolton-Antwort darf deshalb keinesfalls echt sein, sonst würden ihnen ja Budgetgelder in schwindelerregenden Höhen oder gar ihre Jobs gestrichen werden. Zudem ist durch deren Verbandelung mit Militärprojekten eine Abhängigkeit gegeben, die es allein chon nicht zulässt, ihre obsolet-skandalösen Positionen aufzugeben.

The Show must go on. Hunderttausende private PCs wurden trickreich mittels eines rechnenden Bildschirmschoners vor den SETI-Karren gespannt. Es wird augenscheinlich alles getan, um mit ET auf einen Drink zu gehen. Real ist das Gegenteil der Fall: DIE GESAMTE MENSCHHEIT WIRD KONSEQUENT FÜR DUMM VERKAUFT!

SETI INSTITUTE

Seth Shostak, Sprecher der selbsternannten quasi-offiziell-irdischen ET-Kontaktbehörde

Am 19. August 2001 brach das Kartenhaus der SETI-Organisation zusammen, auch wenn das bis heute keiner dieser weltfremden Computerfreaks wahrhaben will: Denn was nicht sein darf, kann nicht sein und auch nicht zugegeben werden.

Schon wenige Tage nach Erscheinen wusste es SETI ohne nähere Prüfung der Faktenlage besser als alle anderen, was da in England vorging: Ein ausgemachter Schwindel! Es gäbe keinerlei Hinweis auf einen ausserirdischen Ursprung der Antwort-Formation. Die übers Web verbreitete Argumentation bewegt sich in fünf Punkten auf dem gleich seichten Niveau, das hier in aller gebotenen Kürze reflektiert wird.

SETI-Irrtum 1): Es wäre eine äussert grobe Antworttechnik von Aliens, solch simple Botschaften in unseren Weizen zu schnitzen! Wenn Radio nicht ihr Ding ist, könnten sie doch wenigstens eine Ausgabe der Enzyklopedia Galaktika an der Haustür des Farmers hinterlassen.

Es ist ziemlich widersinnig, anzunehmen, dass eine top entwickelte Zivilisation nicht wüsste, wie sie sich einer primitiveren Gesellschaft am besten annähert. Im Übrigen spiegelt die Alien-Botschaft nur das von SETI vorgegebene Niveau wider.

SETI-Irrtum 2): Wie kommt es, dass ET so humanoid aussieht? Nur Hollywood-Aliens sehen so anthropozentriert aus!

Es ist aberwitzig, vorweg anzunehmen, dass ET völlig anders als wir aussehen muss. Im Gegensatz dazu wäre es eher verwunderlich, wenn Leben im Universum überall extrem verschieden wäre.

SETI-Irrtum 3): Unser Arecibo-Radiostrahl war damals nur zwei Bogenminuten breit und kann deshalb auf seiner 250 Jahrhunderte dauernden Reise zu M13 noch gar keine anderen Sterne bzw Planeten gestreift haben!

Hier gäbe es so viele Argumente dagegen, dass gar nicht Platz ist, sie alle aufzuzählen. Allein die Tatsache tausendfacher UFO-Sichtungen und der zwischenzeitlich kosmischen Ausstrahlung irdischer TV-Sendungen (inklusive der Arecibo-Botschaft) bis zu 50 Lichtjahre in den Weltraum müsste als Erwiderung genügen!

$$N = R_{*} \times f_p \times n_e \times f_l \times f_i \times f_c \times L$$

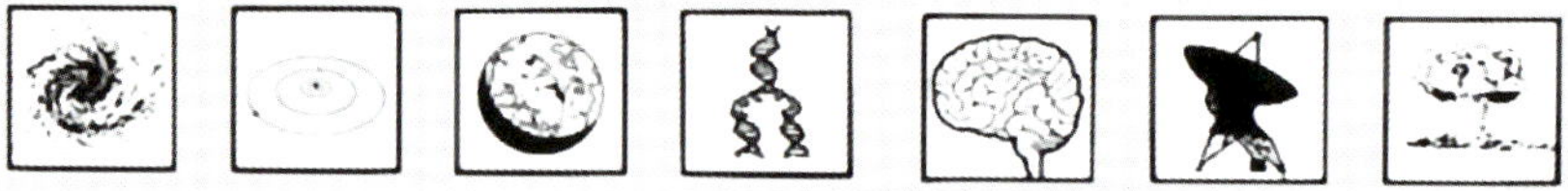

Frank Drake's berühmt-berüchtigt-absurde Formel, die beweisen soll, dass wir faktisch allein im Universum sind. Was diese Formel hingegen einzig bestätigt, ist die vorgefasste Privatmeinung des SETI-Vorsitzenden.

SETI-Irrtum 4): Es ist höchst unwahrscheinlich, dass die Alien-DNS-Komposition so spezifisch ähnlich der unseren ist, wo doch von hunderten möglichen Aminosäuren nur gerade zwanzig für das irdisch-biologische Leben genutzt werden.

Diese Logik ist schlicht schlechte Wissenschaft, wenn überhaupt. Was ist zB, wenn diese ETs zu den genetischen Ahnen der Erdenmenschheit zählen, worauf diverse Findungen der Alternativwissenschaft hindeuten?

SETI-Irrtum 5): Diese Zeichen können von jedem, der Aufsehen erregen will, gemacht werden. Warum sollten Aliens zu einem Signalsystem greifen, das nur zwei Monate im Jahr zu verwenden ist?

Wenn man sogleich alle Kornkreise in den Fälschertopf wirft, erübrigt es sich natürlich von vornherein, auch nur näher hinzusehen. Es gibt inzwischen genügend Evidenz (die in diesem schmalen Büchlein nur angedeutet werden kann), dass hier eine uns noch unbekannte Hypertechnologie im Spiel ist! ALLEIN DIE FAKTEN ZU IGNORIEREN, HAT NOCH NIEMALS DIE FAKTEN SELBST VERÄNDERT!

Es bleibt die kosmologische Schlussfolgerung, dass wir es wohl mit dem sensiblen Schulterklopfen einer uns evolutionär überlegenen Spezies zu tun haben.

Der Hintergrund der SETI-Arecibo-Ausstrahlung IM KLARTEXT:

"Es war ein rein symbolischer Akt, um zu zeigen, dass wir es können", sagte Donald Campbell, Prof. der Cornell University (welche das Arecibo-Teleskop verwaltet) und damaliger Forschungsassistent in der Presseaussendung eben dieser Universität anlässlich 25 Jahre Arecibo-Botschaft:

"Bis jetzt hat noch niemand zurückgerufen - aber das ist okay - wir haben nicht wirklich eine Antwort erwartet."

"Der wirkliche Grund unserer Botschaft war es, Aufmerksamkeit auf die enorme Kraft des neu installierten Transmitters zu lenken."

"Aber viele Anwesende haben das Ereignis ernst genommen", sagte Harold Craft, damaliger Direktor des Observatoriums und heute Cornells Vizepräsident, "weil wir die Frequenz in Audio-Ton übersetzten und während der Zeremonie laut trillernd ausstrahlten".

Weitere irdische Kontaktversuche

1972/74: PIONEER 10 & 11

Die Goldplakette enthält links oben die Darstellung eines Wasserstoffatoms, ein Diagramm mit der Entfernung von 14 Pulsaren, eine schematische Darstellung unseres Sonnensystems, sowie ein Menschenpaar vor einem Teleskop (gestaltet von Carl Sagan und Frank Drake).

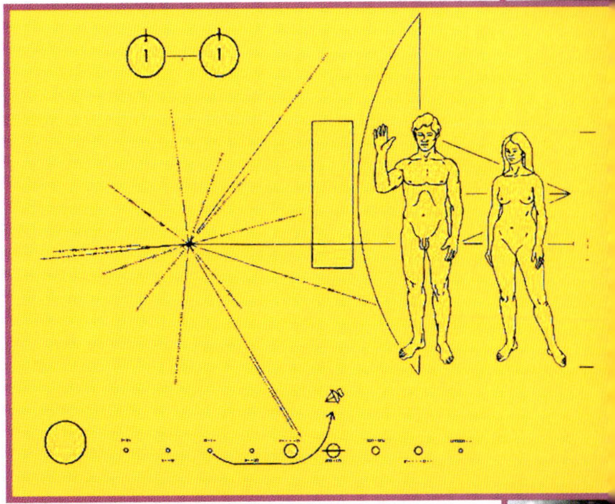

1977: VOYAGER 1 & 2

Diese Sonden trugen eine goldbeschichtete Schallplatte mit sich, auf denen 115 Bilder und Geräusche sowie Musik und eine Anzahl Sprachen gespeichert sind, zB US-Präsident Jimmy Carter: "Im Auftrag aller Völker unseres Planeten sende ich Grüsse. Wir treten aus unserem Sonnensystem in das Universum hinaus und suchen friedlichen Kontakt."

Die beste Luftaufnahme von Lucy Pringle

DAS UNSICHTBARE

In vielen Kornkreisen sind kleinste Details als wichtig erkannt worden!

Welche verborgenen Hinweise stecken im ungewöhnlichsten aller Kornzeichen?

Und warum wurden diese Informationen so geschickt versteckt?

Wenn wir die Aufnahme links genauer betrachten, fällt einiges auf und stellen sich einige Fragen:

1) Obwohl genügend Platz ist, fehlen die vier (angeschnittenen) Eckpunkte!

2) Das Rasterfoto setzt sich aus einem gekreuzten Linienraster von jeweils 30 Linien zusammen, wobei jeweils die erste und letzte Linie in den Bildecken unsichtbar ist!

3) Der Rahmen hat nicht nur die Funktion, das Bild besser zur Geltung kommen zu lassen, sondern auch eine gewisse Breite, die wohl bedeutsam ist!

4) Die linke Kontur der mittleren Traktorspur führt exakt durch die Bildmitte!

5) Unter dem Bild selbst sind einige seltsam anmutende Ringe im Korn zu sehen!

6) Die linke Kante des Rahmens ist exakt zum Betriebsgebäude des Teleskops hin ausgerichtet!

7) Die Proportion des Gesamtbildes dürfte eine besondere Funktion haben!

"WASSERZEICHEN"

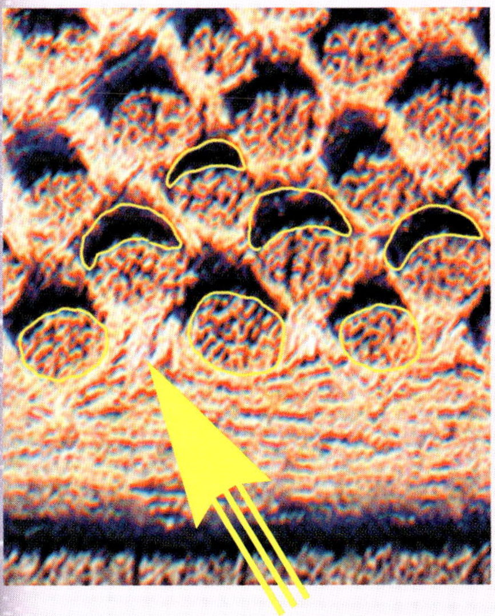

Die morgens noch sehr schräg einfallende Sonne verursacht den leicht irritierenden Schlagschatten hinter jedem der

412 Korn-Rasterpunkte

mit jeweils rund 3 Metern Durchmesser!

Es sind nicht die üblichen Proportionen unserer irdischen Passfotos und es ist auch keine den Proportionen der Alienköpfe angepasste Form, denn der ET-Schädel ist an der Stirn eindeutig angeschnitten.

Worauf also soll uns dieses Längen- und Breitenverhältnis hinweisen?

Dieselbe Flugaufnahme in die exakte Aufsicht entzerrt (die Traktorspuren sind nun parallel)

HALBTON-RASTER

Bildraster sind eine methodische Grundlage der Reproduktion zur Reduktion der Informationsdichte auf das Wesentliche. Die zwischen den Schnittpunkten von Rasterlinien liegenden einzelnen Pixel oder Rasterpunkte erzeugen durch ihre individuelle formale Ausprägung im Zusammenspiel je nach Pixelgrösse mehr oder weniger Halbtöne und räumliche Tiefe. Der Grad des Hell-Dunkel-Eindrucks wird also durch Dichte, Feinheit und Winkel der Linien, die Pixelform und den gewählten Hintergrund bestimmt.

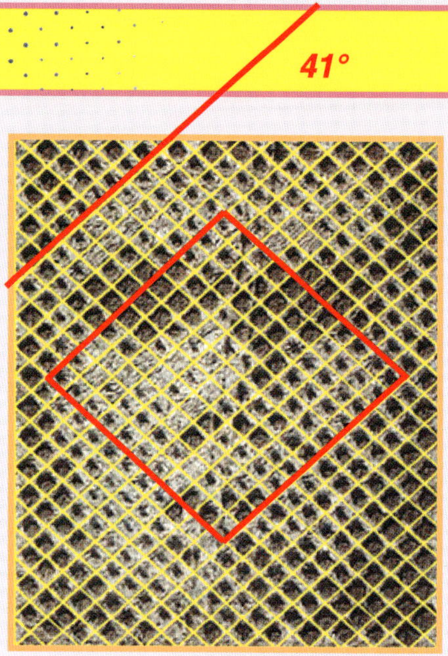

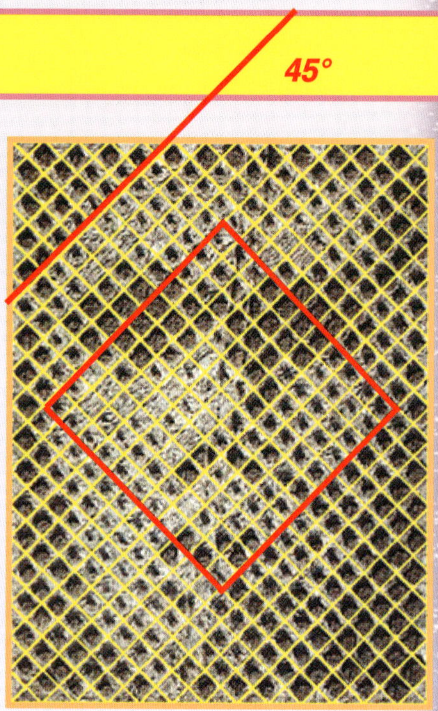

Auf den ersten Blick nimmt man an, dass es sich beim Gesicht mit dem Stoppelbart um einen 45-Grad-Raster handelt. Erst bei der Rekonstruktion der 30 über Kreuz verflochtenen Punktlinien bemerkt man, dass es nur etwa 41 Grad sind. Dies unterstreicht nochmals die offensichtliche Wichtigkeit der Bildproportion, die uns auf etwas hinweisen soll. Ich besorgte mir deshalb die vor Ort durchgeführten Vermessungen vom britischen Forscher Charles Mallett. Er hatte zwar je-

DER ECHTHEITS-BEWEIS

weils nur eine Längs- und Querkante der beiden Kornobjekte vermessen, meinte aber dennoch bis auf ein, zwei Fuß (1 feet = 30,48 cm) genaue Zahlen zu haben:

THE FACE: 145 x 165 feet = 44,2 x 50,3 m

THE CODE: 90 x 265 feet = 27,4 x 80,8 m

Ich konnte durch diese Zahlen zumindest von der Proportion 1 : 1,14 ausgehen und die eingescannten Bilder optisch danach einrichten. Dabei fielen mir die erwähnten Kleinigkeiten auf und ich begann spielerisch die Hintergründe zu erkunden. Dabei kam mir zugute, dass ich erst kürzlich ein Buch über die Heilige Geometrie aus dem Amerikanischen übersetzte (siehe Anhang).

Ich zog unter anderem vom stärksten mysteriösen Punkt aus eine Parallele zur Traktorspur und spiegelte diese auch auf die linke Seite. Irgendwann kam ich darauf, diverse Schnittpunkte zu verbinden und staunte bald, welch kosmisches Geheimnis sich in ETs Portrait kund tut.

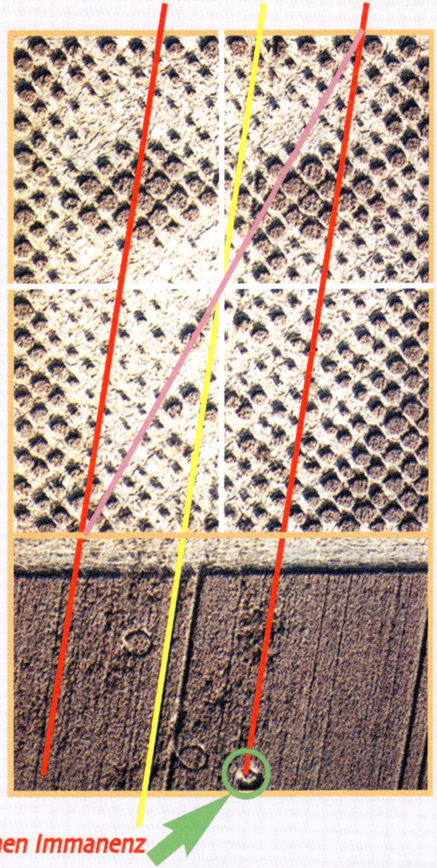

Hinweispunkt zur versteckten geometrischen Immanenz

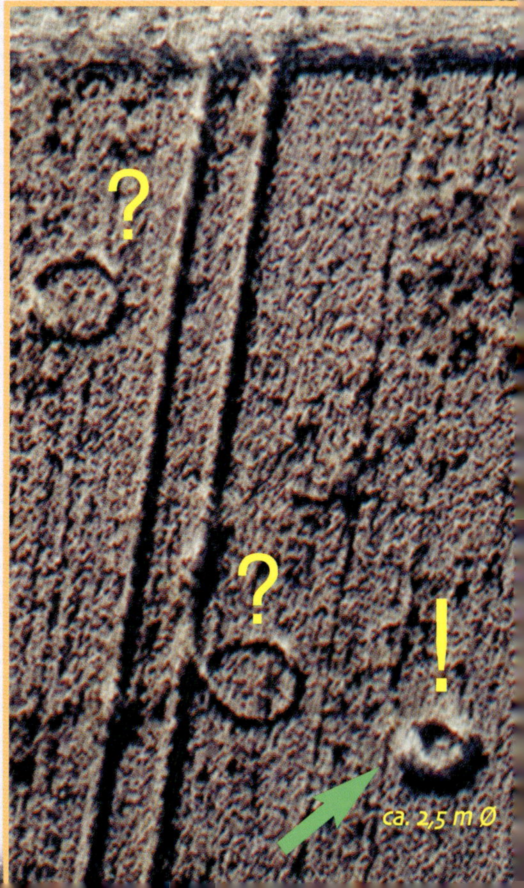

Die Verbindung des oberen und unteren Bildkantenschnittpunktes der beidseitig zur mittleren Traktorspur (ca. 81° Neigung) parallelen (roten) Linien ergibt die lila Linie, die ich versuchsweise mittels (blauer) Höhenachse zum gleichseitigen Dreieck ergänzte. Als ich entdeckte, dass die (grüne) Diagonale eines das Dreieck einschliessenden Rechtecks genau den Winkel des Kornrasters entlang lief, wusste ich, dass ich auf dem richtigen Weg war - letztlich ist es sogar die Gegenprobe meiner Entdeckung.

Die weiteren Schritte sind punktiert eingezeichnet, damit die Konstruktion weiter nachvollzogen werden kann. Ich spiegelte nun mehrmals das Dreieck und war so der Lösung schon ziemlich nahe gekommen.

Die Sache hat eindeutig mit hexagonalen Strukturen zu tun, soviel war klar, aber was war die Conclusio?

Proportion

Breite zu Höhe

1 : 1,1547

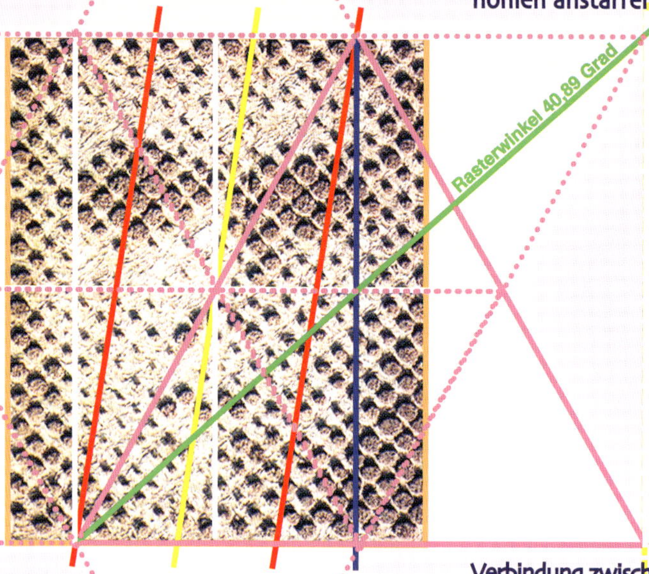

Korrektur der Feldmessung um nur 0,0168

Was hier so rasch expliziert wird und so einfach aussieht, wenn man es entdeckt hat, zog sich über Tage voll Try and Error hin. Aber ich war derart fasziniert vom Geheimnis dieses mich aus dunklen Augenhöhlen anstarrenden Wesens, dass ich voll motiviert war. Zudem hatte ich mich schon seit einigen Jahren mit dem archaischen Wissen der alten Geometriker tief beschäftigt. Da das Raster-Portrait die absolute Krönung unter den Kornzeichen darstellt, hoffte ich auch, ein eincodiertes inhaltliches Highlight zu finden - ich war sogar ziemlich sicher. Durch die gefundene (grün dargestellte) Verbindung zwischen den (weissen) Rechteck-Ecken bzw. den involvierten Dreieckspitzen konnte ich zuerst zeichnerisch und dann berechnend die exakten Proportions- und Winkelwerte ermitteln.

Somit waren es bereits drei versteckte Hinweise, die mich weiter führten: Der ominöse Punkt im Feld unterhalb des Gesichts, der 41°-Winkel der Rasterung und die dadurch erst eruierte Proportion an sich. Mit den zwei weiteren kleinen Kreismarkierungen im Feld konnte ich bis dato gar nichts anfangen, vielleicht sind sie ohnehin natürlichen Ursprungs.

Vom Faktum des umschriebenen Hexagramms zum ins Bild exakt eingepassten Siegel Salomons - wie man dieses uralte Symbol auch nennt - war es kein grosser Sprung mehr, da dies dann ja automatisch gegeben ist. Aber erst jetzt zeigte sich, warum der Bilderrahmen genau die Breite hat, die er hat: Wenn man nämlich das innere Hexagramm mit einem Kreis umschreibt, bildet die seitlich überstehende Kreiskuppe genau die vorgegebene Rahmenbreite.

Die Lösung des ausserirdischen Rätsels liegt somit im unsichtbaren "Wasserzeichen-Hexagramm", einem Symbol, das die Weisheit des Universums in seiner universalsten Form darstellt und von ET bereits in viele Kornkreise gebeamt wurde.

Wer nun immer noch an eine irdische Fälschung der Chilbolton-Transmission glaubt, dem ist einfach nicht mehr zu helfen. Und dass irgendwelche militärische Geheimdienste ihre neue Wunderwaffe in den Feldern testen, ist auch auszuschliessen: Denn deren graue Zellen sind schlicht nicht ausgelegt für solch ausgereifte spirituelle Unternehmungen...

Die hier präsentierte Findung kratzt immer noch nur an der Oberfläche des im hexagonalen Siegel immanenten kosmischen Knowhows. Wem tief in diese esoterische (= nicht allgemein bekannte) Geheimsymbolik einzudringen erlaubt ist - weil nur in einer erhöhten Bewusstseinsschwingung öffnen sich diese Tore -, dem wird vor Staunen der Mund offen stehen. Einer Welt, die sich in diese Dimensionen aufschwingt, stehen Möglichkeiten offen, von welchen die irdische Mehrheit heute noch nicht zu träumen imstande ist...

Das Primat des Geistes über die Materie, sprich ›das wahre schöpferische Potenzial des Menschen‹ gepaart mit diesem Knowhow wird in nicht allzu ferner Zukunft unser Leben gravierend ändern. Dazu ist allerdings auch eine Veränderung

The Great Symbol of Solomon

der weltpolitischen Landschaft vonnöten. Solange es das egomane und kurzsichtige einzige Ziel der Mächtigen ist, Mächtige zu bleiben und dem alles andere unterzuordnen, werden sich ET & Co hüten, ihr (zB energetisches) Knowhow konkret anwendbar preiszugeben...

Der codierte UFO-Bauplan im Feld

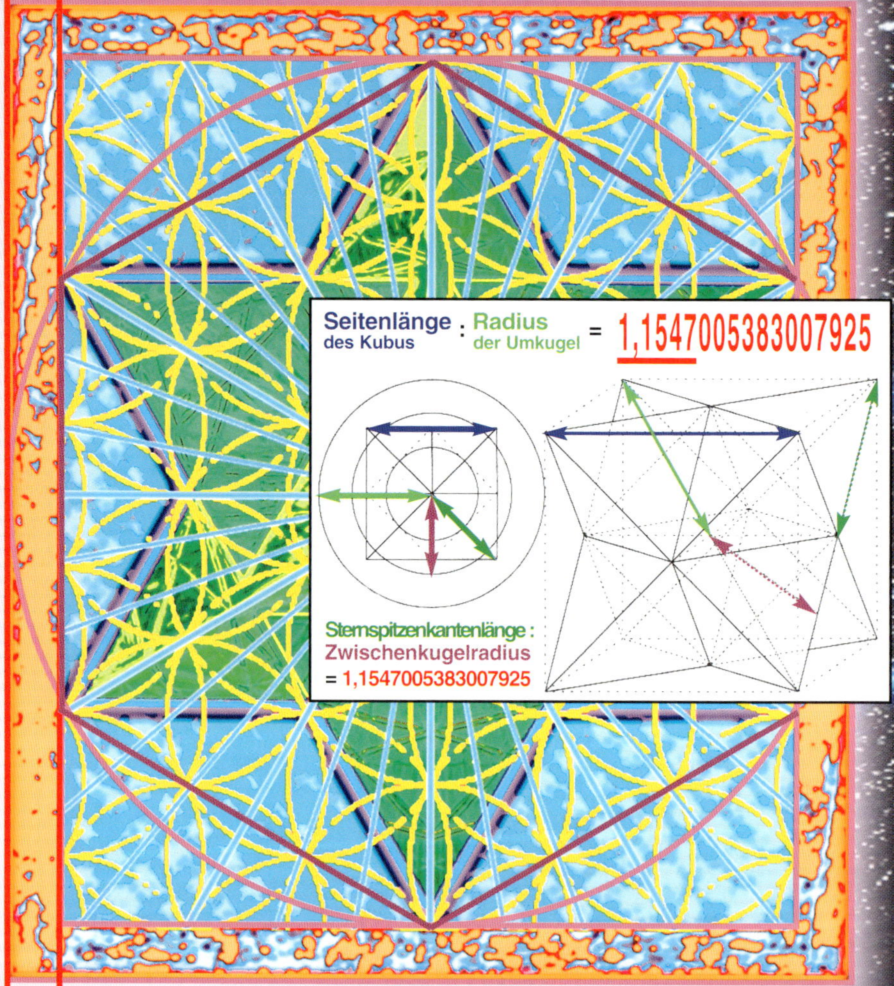

Die Rahmenbreite ergibt sich aus der Konstruktion

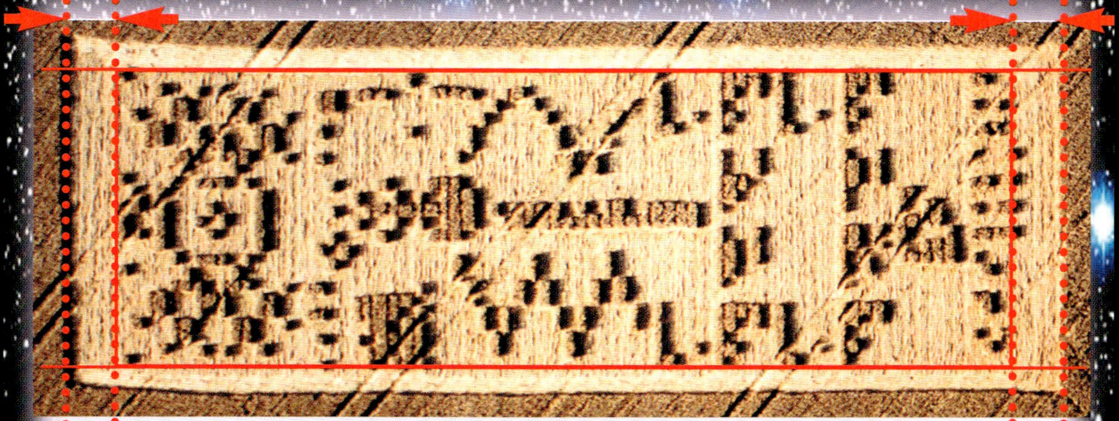

Die Proportionen im Feld (gemessen 90 x 265 feet) übersetzt in die Proportionen der Binärbotschaft (23 x 73 Pixel plus Rahmen) zeigen ohne die verzerrenden Schattenwürfe im Korn die Konturen des Rechtecks etwas klarer.

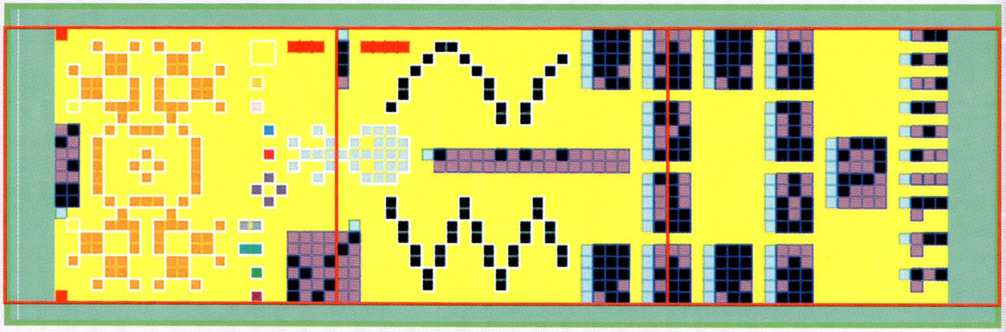

Der 2 Pixel breite Botschafts-Rahmen wurde von ET augenscheinlich oben und unten absichtlich um je 2 weitere Pixellinien erhöht, um einen zusätzlichen Hinweis auf die ›Drei‹ durch die exakte Face-Dreiteilung zu geben (81: 27 = 3).

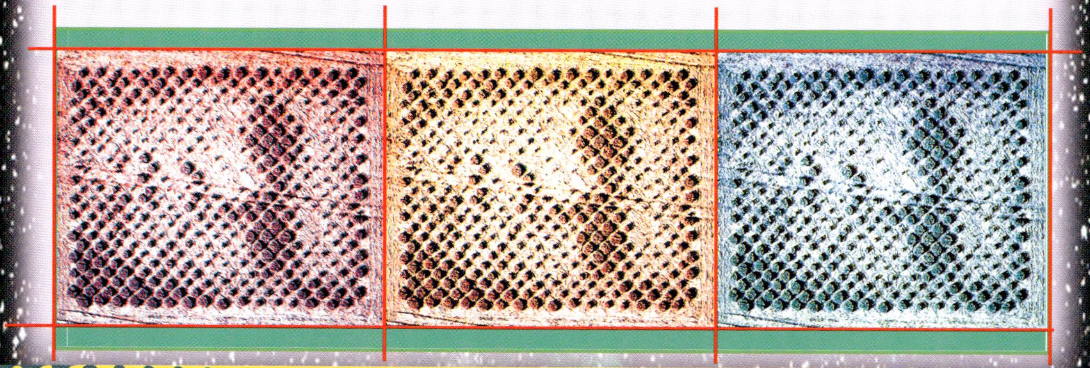

Hinweise im Überfluss !

Die Proportionen aller fraktalen Chilbolton-Zeichen von 1999-2001 stimmen exakt überein!

ZUR BEDEUTUNG DES HEXAGRAMMS

Das uralte Symbol der zwei ineinandergehakten Dreiecke repräsentiert die Durchdringung von sichtbarer und unsichtbarer Welt, versinnbildlicht die Vereinigung der Bereiche des Spirituellen und Materiellen, des Persönlichen und Unpersönlichen, wie der Polarität an sich. Der Ursprung des Hexagramms liegt im Kosmos selbst, dessen Matrix sowohl mikro- wie makroskopisch darauf aufbaut („wie oben, so unten - wie innen, so aussen"). Älteste Erwähnungen finden sich im tantrischen Hinduismus, bei dem es für die Vereinigung der Geschlechter steht. Das nach unten weisende Dreieck symbolisiert das weibliche Urbild, das aufwärts zeigende Dreieck vertritt das Männliche, die Sonne das Zentrum.

Der Sechsstern wird manchmal auch als Schild Davids oder Siegel Salomos bezeichnet. (Das Hohelied Salomos in der Bibel deutet darauf hin, dass er durch eine „Heilige Hochzeit" erleuchtet wurde.)

silizium

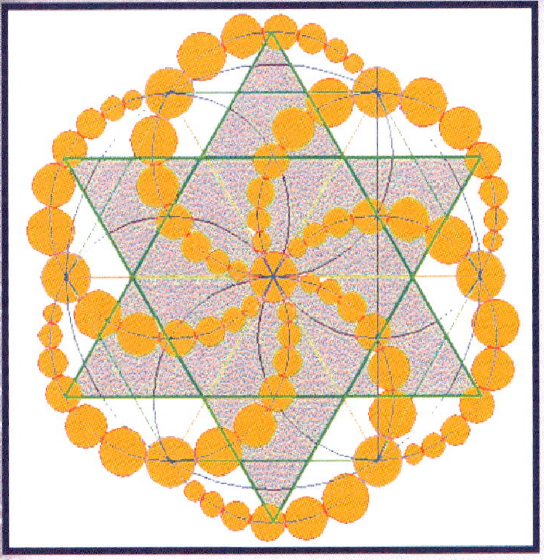

Der hexagonale "Propeller" entstand zwei Tage vor dem ET-Gesicht

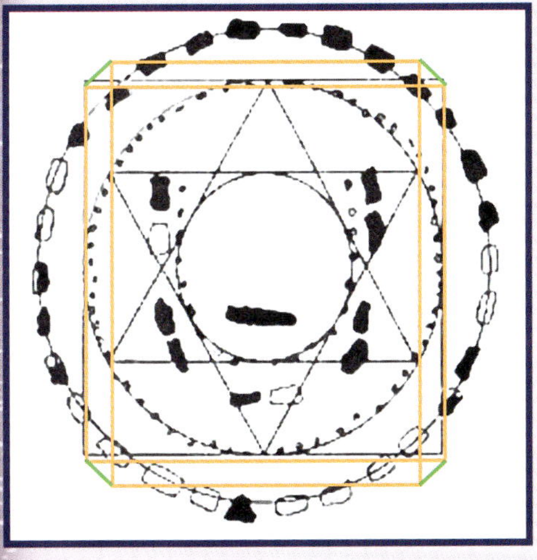

Auch die archaische Anlage von Stonehenge ist hexagonal aufgebaut

Das Wissen der Vergangenheit und
das Knowhow der Zukunft sind eins

DIE BÄLLE AUS LICHT

Immer wieder wurden innerhalb und um Kornkreise herum Leuchtphänomene gesehen, zumeist wohl während oder nach dem Entstehen derselben. Manchmal werden auch elektrostatische Entladungsgeräusche und ein Sirren gehört.

Auf Videos sind sich bewegende Lichtkugeln wahrnehmbar und auch auf manchen Fotos finden sich im nachhinein ominöse Lichtpunkte. Es hat allen Anschein, als ob dieses Licht einer intelligenten Steuerung unterliegt.

Ähnlich wie kleine Kugelblitze, jedoch nicht so irrational in ihrer Bewegung, ziehen diese gleissenden Lichtbälle entlang bestimmter Linien oder Bögen minutenlang oder sogar sekundenschnell - einzeln oder in Gruppen - etwa in Halmhöhe über das Feld und verschwinden bald daraufhin wieder spurlos.

Im Juni 99 wurde in Holland ein junger Mann sogar vor dem nächtlichen Entstehen eines neues Zeichens von dieser magischen Kraft geweckt. Als er aus dem Fenster blickte, konnte er zwei rosa- bis purpurfarbene Leuchtbälle einfach aus dem Nichts im familieneigenen Weizenfeld erscheinen sehen. Die "BOLs" kamen etwas auf ihn zu, vereinigten sich und manifestierten zwei Kreise, einen mit vier und einen mit 10 Meter Durchmesser. Erstaunlicherweise geschah dem sensiblen jungen Mann das gleiche Ereignis einige Tage später nochmals, als sich ein dritter, noch grösserer Kreis im gleichen Feld quasi aus dem Nichts ausformte.

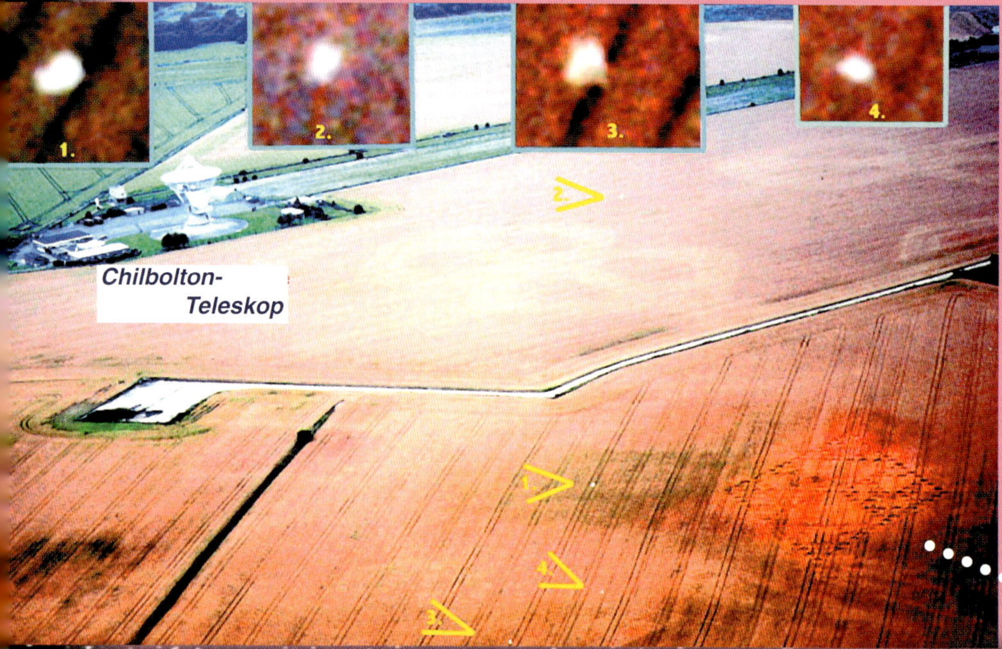

Der "Diamant" aus 1999, grafisch etwas aufgehellt.

BOLs - Balls Of Light

Ausserirdische Antworten :

"Wir formen die Kornkreise, indem wir - wie ihr Menschen sagen würdet - protoplasmisch-ionische Lichtstrahlen verwenden. Aus biotechnologischen Elementen gefertigte Lichtkugeln übertragen die von uns eingespeicherten Daten, indem sie das Motiv - ähnlich wie Eure Kopiergeräte - in Eure Getreidefelder transplantieren. Danach lösen sich die Kugeln einfach völlig auf."

ALIEN MATRIX

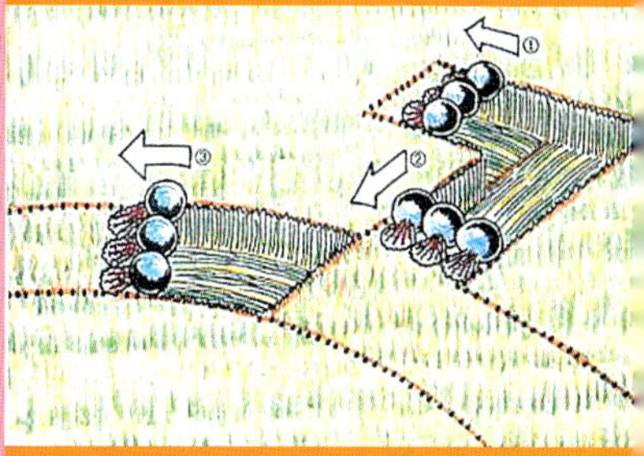

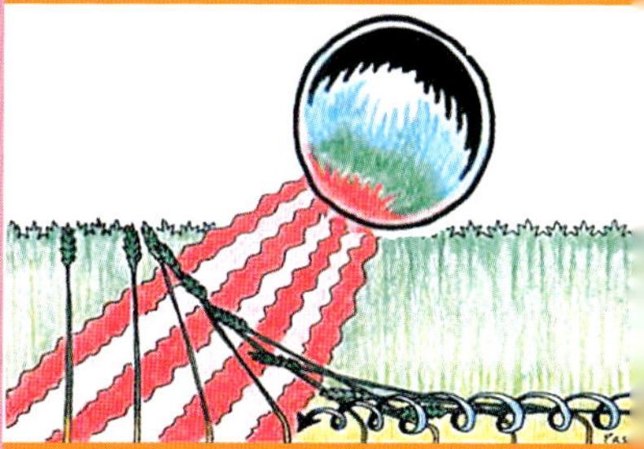

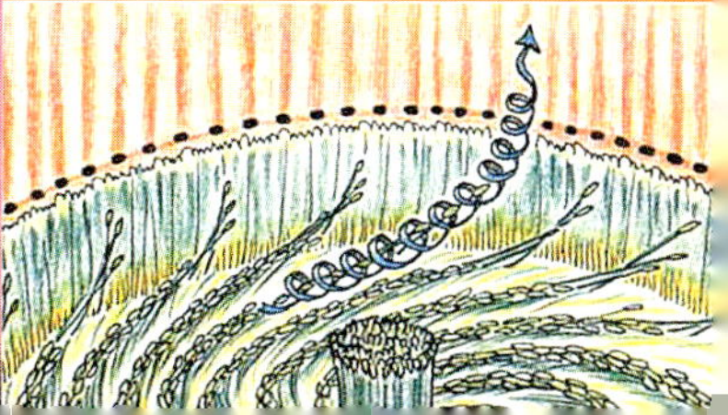

BEAMEN IST DIE QUANTENMECHANISCHE VERKNÜPFUNG VON BILLIONEN VON ATOMEN. Informationen, d. h. Quantenzustände, werden übertragen, indem an anderen Orten Kopien davon hergestellt werden. Das ist neuerdings auch schon in ganz kleinem Umfang auf Erden möglich und wird wohl früher (mit Hilfe von ET) oder später auch über weitere Entfernungen und mit grösseren Objekten möglich sein...

Hallo Erdlinge,

schon seit Jahrzehnten zeichnen wir Euch unsere Botschaften in die Natur Eures Planeten, um Euch auf dem schwierigen Weg der Transformation die helfende Hand zu reichen. Das ganze Sonnensystem wird bald in einen neuen Schwingungsraum eintreten. Begrabt Eure Differenzen und kommt mit in eine neue Dimension kosmischen Lebens.

Erkennt die Harmonie des Universums in Euren Herzen. Wir warten auf Euch. In Verbundenheit

Eure Freunde aus dem All

Und wie antworten wir nun zurück?

VIRTUAL CROP CIRCLE
INKJET ON CANVAS
120 X 120 CM
JAY GOLDNER 2001

JAY GOLDNER, 51, österr. Grafiker, Autor und Forscher im Paranormalen (...das nur solange paranormal ist, als die meta-physikalischen Gesetze dahinter nicht erkannt sind).

Eine UFO-Sichtung vor 20 Jahren (während der geometrischen Rekonstruktion des Sri Yantra) motivierte ihn zu ausgedehnten Studien.

Im Sommer 2001 begann ich an einem grafischen Auftrag zur Gestaltung eines Tarot-Kartensets aus Kornkreispiktogrammen zu arbeiten - also einer Umsetzung der KK-Symbolik in ein stimmiges Tarot-Design. Obgleich ich mich seit langem ab und an mit Kornkreisen beschäftigte - auch ein halbes Dutzend Zeichen vor Jahren selbst in Südengland besucht hatte -, tauchte ich erst durch das Projekt wieder tiefer in diese Manifestationen ein.

Alle paar Tage informierte ich mich im Web über die aktuelle Kreissituation im Korn. So war ich bereits nach ein paar Tagen über das Chilbolton-Ereignis informiert - und schwankte zwischen ungläubig und beeindruckt. Im Internet ging es ob dieser Sache hoch her, eine Website krachte wegen Überlastung sogar zusammen. (An die 1500 Domains weltweit haben mehr oder weniger die Kornzeichen zum Thema.)

Bald hatten die ersten KK-Forscher ihre fragmentarischen Analysen ins Netz gestellt und gaben zusammen schon ein halbwegs gutes Bild über die Botschaft ab. Eine prominente Website - die heute deshalb nicht mehr aufzufinden ist - hatte sich allerdings besonders durch Falschanalysen hervorgetan und daraus einen Schwindel abgeleitet. Und viele andere hatten davon abgeschrieben. Da die Sache dadurch - neben den wenigen oberflächlichen Zeitungsberichten - in ein schiefes Licht geriet und viele KK-Fans wie auch mich verunsicherte, machte auch ich mich auf, die Causa selbst näher zu untersuchen. **Es geht ja nicht an, dass uns möglicherweise gerade ET anruft und auf Erden niemand den Hörer abhebt!**

Als durch den Terror vom 11. September das Chilbolton-Thema völlig einzuschlafen drohte, ich aber inzwischen einige wesentliche neue Fakten in den Zeichen entdeckte, beschloss ich - angeregt durch einen Freund - eine kleine Info-Broschüre zu entwerfen. Im Oktober zeigte auf der Frankfurter Buchmesse ein halbes Dutzend Verlage konkretes Interesse und ich hatte knappe zehn Wochen Zeit, das Thema in eine populär-didaktische Form zu bringen.

Es wäre längst an der Zeit, dem Phänomen Kornkreise eine Art KK-Museum/Galerie/Doku-Center in einer der Sache angemessenen Dimensionierung zu widmen. Konzepte dazu gibt es. Investoren und Sponsoren mögen sich vereinen, um dieser Idee zum Durchbruch zu verhelfen (Jay Goldner c/o Studio Phoenix, A-4810, Postbox 8).

PS: Das Tarot-Set wird voraussichtl. im Herbst 02 erscheinen.

BARBURY PLASMA JAY GOLDNER 2001

Meine künstlerische Auseinandersetzung mit dem ästhetischen Potenzial der Mathematik führte mich in den letzten Jahren zu einer eigenständigen Entwicklung kybernetischer Malerei mit dem Computer. Diese sogenannten Cyber-Paintings auf Leinwand sind mehr oder weniger gezielt erzeugte Formen und Collagen organisch-mathematischer Strukturen, die durch arrangiertes Einwirken mehrerer mathematischer Formel-Cluster aufeinander entstehen. Der kreative Output gibt einen guten Eindruck von der Selbstorganisation der Materie auf der Basis geometrischer Urprinzipien.

Derzeit bereite ich weitere Ausstellungen vor, gerne eventuell auch in ihrer Nähe... jaygoldner@nextra.at

PostScriptum

Vieles konnte in diesem begrenzten Umfang und der zur Verfügung stehenden Zeit nur angedeutet oder garnicht aufs Tapet gebracht werden. So zB die Zusammenhänge mit der Merkabah, den Morphogenetischen Feldern, der Kosmischen Matrix, Antigravitation, Dematerialisation oder etwa die verblüffende mathemathisch-geometrische ET-Ableitung der überlieferten Proportionen der biblischen Bundeslade, die ja primär eine energetische Gerätschaft gewesen sein soll. So unglaublich es klingt, in den Chilbolton-Zeichen (und auch schon in vielen früheren Kornkreisen) sind sehr konkrete Hinweise auf die Lösung aller unserer weltenergetischen Probleme zu finden - aber verschlüsselt, weil man, wie mit einem Messer, damit nicht nur Gutes, sondern auch sehr Böses anstellen kann. Es scheint, als ob wir zu diesem Knowhow global auf Terra erst Zutritt erlangen dürfen, wenn wir auch die dazu nötige gesellschaftliche Weisheit erlangt haben, damit konstruktiv umzugehen. Doch wir dürften bald an der Schwelle dazu stehen, ansonsten würden uns etwa die brisanten Energiekonverter-Funktionen nicht so erkennbar ins Feld gelegt werden.

Da man in diesen Dingen auf die Presse (noch) nicht zählen kann, einerseits weil es mehr als einen kurzen Blick auf die Materie abverlangt und andererseits unsere orthodoxen Wisserschafter viel zu sehr in Sackgassen denken, um die holistischen Ansätze erkennen und unterstützen zu können. Dann ist da noch der militärisch-industrielle Komplex, dem dieses Knowhow keinesfalls zugute kommen darf und dafür scheint auch gesorgt zu werden. So ist man auf dieser Wellenlänge zumeist allein auf weiter Flur und muss sich mit den philosophischen Konsequenzen begnügen. Es liegt somit an jedem Einzelnen, die Urprinzipien und die Interdimensionalität des Multiversums zu erkennen, um so die kritische Masse für den überfälligen spirituellen Quantensprung zu erhöhen...

Ehrentafel der KK-Forscher/Fotografen

Steve Alexander
Werner Anderhub
Colin Andrews
Ken Bakeman
Francine Blake
Dustin D. Brand
Tony Caldicott
Brian L. Crissey
Zef Damen
Pat Delgado
Stuart Dike
Karen Douglas
Fintan Dunne
Mark J. Fussell
Julian Gibsone
Eltjo H. Haselhoff
Michael Hesemann
Richard Hoagland
Ilyes
Bert Janssen
Palden Jenkins
Andrew King
Joachim Koch
Ulrich Kox
Frank Laumen
William C. Levengood
Charles & Frances Mallett
Linda Moulton Howe
Andreas Müller
Lucy Pringle
Hans Peter Roth
Keith Rowland
Red Setter
J. Sherwood
Freddy Silva
Peter R. Sørensen
Robert Speight
Nancy S. Talbott
Busty Taylor
Paul Vigay
Randy Wiggins
Steve Wingate
und viele
andere...

Kornkreis-WebSites & -Literatur

www. cropcircleconnector.com
www.cropcircleresearch.com
thecropcirclewebsite.com
www.cccs-uk.org
www.swirlednews.com
www.home.clara.net/lucypringle
www.busty-taylor.com
www.fgk.org
www.kornkreise.ch
invisiblecircle.de
www.zef-damen.myweb.nl
www.the-basket.com
www.earthfiles.com
www.paradigmshift.com
www.cropcircleinfo.com
www. thenoiseroom.com
www.bltresearch.net
www.circlemakers.org
www.mysteries-megasite.com/cropcircles/crop.html

Eltjo Haselhoff
FASZINIERENDE KORNKREISE
München 2001, Beust-Verlag

Müller, Andreas
KORNKREISE
Aarau 2001, AT-Verlag

Anderhub Werner & Roth, Hans Peter
DAS GEHEIMNIS DER KORNKREISE
Aarau 2000, AT-Verlag

Hesemann, Michael
KORNKREISE
Neuwied 1996, Silberschnur Verlag

Andrews, Colin & Delgado, Pat
KREISRUNDE ZEICHEN,
Frankfurt/M. 1990, Verlag Zweitausendeins

Regeln beim Betreten von Kornkreisen

Wenn Sie einen Kornkreis entdeckt haben oder eine schon bekannt gewordene Formation aufsuchen wollen, sollten Sie folgendes beachten:

1) Wenn Sie glauben, der erste oder einer der ersten Entdecker zu sein, versuchen Sie das Feld aus einer möglichst höhergelegenen Position zu fotografieren. Optimal sind natürlich Flugaufnahmen.

2) Notieren Sie die geografische Lage anhand einer Zeichnung oder tragen Sie die Position des Kornzeichens in eine Karte ein (nächstgelegener Ort, Koordinaten, Ausrichtung, Datum, Zeit, Getreideart, Reifegrad).

3) Nehmen Sie, bevor Sie das Feld betreten, Kontakt mit dem Besitzer oder Bauer auf - es könnte sonst als Landfriedensbruch auslegt werden.

4) Betreten Sie das Feld nur über die bereits vorhandenen Traktorspuren! Nie quer durch das stehende Getreide marschieren. Innerhalb des Kornkreises die flachgelegten Pflanzen behutsam betreten.

5) Halten Sie möglichst viele Details im Bild fest. Achten Sie auf eventuell vorhandene Anomalien und/oder verdächtige Spuren möglicher Fälschungen (zB Löcher im Boden). Notieren Sie ihre psychische Reaktion.

6) Zeichnen Sie in die Form des Piktogramms auch die Lage und Drehrichtung der Halme ein. Fragen Sie nach der möglichen Entstehungszeit.

7) Bitten Sie den Besitzer, den Kornkreis für weitere Untersuchungen möglichst noch stehen zu lassen (zur Vermessung, Probenentnahme).

8) Melden Sie Ihre Entdeckung dem nächstgelegenen Kornkreis-Center.

9) Bei Regen und Nässe die Kornkreise garnicht betreten. Im Feld nie rauchen! Keine Abfälle hinterlassen. Hunde nicht mit ins Feld nehmen. Parken Sie Ihr Fahrzeug störungsfrei. Achten Sie auf Ihre Kinder.

10) Bedenken Sie, dass verantwortungsvolle Kornkreisforschung auf die Kooperation mit den Farmern angewiesen ist und verhalten Sie sich demgemäss.

Vielen Dank.

Bildnachweis / Impressum

Steve Alexander: 2, 35, 42-43, 58, 65, 70-72, 86, 104-05, 107-108, 111 / Colin Andrews: 91, 118 / Ken Bakeman: 37, 48, 94-95 / Toni Caldicott: 21 / Francine Blake: 22 / Cornell University: 50 / Zef Damen: 53, 55, 115 / Daily Mail: 38 / eWarrior: 56 / Eric Eyler: 20 / FAS Inc.: 49 / Julian Gibsone: 33, 72 / Jay Goldner: 7-8, 10, 12, 15, 24-25, 49, 60, 70-71, 73, 77, 84-86, 93, 95, 98-99, 110-113, 116-117, 122-123 / Daniel B. Holeman: 121 / J. J. Hurtak: 116 / Buddha Jadczyk-Knight: 59, 61 / Andrew King: 20 / Ulrich Kox: 19, 54 / Emanuel Kudris: 96-97 / Charles Mallett: 29-30, 33-34, 60 / NASA: 62-69, 90-92, 103 / Lucy Pringle: 7, 21-23, 28, 31, 34, 39, 44, 51-52, 66, 84, 91, 115 / Bruce Rawles: 110 / SETI: 100, 101, 102 / Freddy Silva: 16, 32-33, 39, 47, 83, 90, 93 / Peter Sørensen: 36, 40-41, 57, 119 / Robert Speight: 44, 45 / Busty Taylor: 46, 50, 60 / Steve Wingate: 69 / Alle übrigen: Internet und Archiv Studio Phoenix (Trotz intensiver Bemühungen ist es nicht gelungen, alle eventuellen Rechte-Inhaber bzw. deren Kontakte ausfindig zu machen. Wir sind für jede diesbezügliche Mitteilung dankbar, um die fehlenden Hinweise in der nächsten Auflage einzufügen.)

ISBN 3-89845-008-2
1. Auflage 2002
Coverdesign: Jay Goldner
Druck: Finidr, s.r.o., Cesky Tesin
www.silberschnur.de
e-mail: info@silberschnur.de Fax 0 26 87 / 92 95 24
Verlag »Die Silberschnur« · Postfach 49 · D-56590 Horhausen

Brit Morf

Countdown 2012

Ein Report aus der Zukunft

336 Seiten, broschiert
ISBN 3-931 652-91-2
Euro 16,90

Ein esoterischer Roman mit prophetischer Weitsicht

Wir schreiben das Jahr 2011. Die Situation auf der Erde gestaltet sich schwierig. Arbeitslosigkeit und Armut nehmen überhand. Auf allen Kontinenten plagen riesige Umweltprobleme die Menschen. Gesellschaftliche Macht ist auf einen kleinen Kreis konzentriert. Dieser hat neben den ökonomischen Kräften auch eine geheimgehaltene außerirdische Gruppe von ›Beratern‹ hinter sich. Gemeinsam üben diese Potentaten globale mentale Kontrolle aus. Sie wollen alleinig über die Erde herrschen. Aber es gibt Menschen, die dies nicht einfach akzeptieren. Darum laufen auf faktisch allen Ebenen Bestrebungen nach Veränderung. Diesen Rebellen wird kosmische Hilfe gewährt, denn das Universum als Ganzes macht einen Schritt hin zu seinem ursprünglichen Zustand von höchstem Licht, höchster Liebe und höchstem Bewusst-Sein.

Michael Hesemann

Die Kornkreis-Chroniken

Die Geschichte eines Phänomens geht weiter

ca. 250 Seiten
gebunden, 23 x 20 cm
ISBN 389845-012-0
Euro 29,90

Mit zahlreichen vierfarbigen Bildern und Grafiken

Naturwissenschaftler sammeln Beweise für das Unglaubliche! – Die Kornkreise sind kein Werk von Menschenhand, sondern eine Botschaft an uns alle, übermittelt von einer kosmischen Intelligenz.
Michael Hesemann untersuchte vor Ort geheimnisvolle Formationen in drei Kontinenten – und stieß dabei auf neue und faszinierende Fakten. In diesem Buch fasst er die aktuellen Forschungsergebnisse in einer Geschichte der Kornkreise zusammen – von den Anfängen bis zum ersten spektakulären »Kornkreissommer« des neuen Jahrtausends mit über 400 Piktogrammen in einer einzigen Nacht! Wie präzise und mathematisch exakt die Kornkreise auch bei riesigen Ausmaßen gestaltet sind – davon zeugen viele faszinierende Fotos aus aller Welt. Ihre Botschaft enthüllt der Bestseller-Autor in diesem neuen fulminanten Werk!